難民と生きる

長坂道子

目次

プロローグ

　ワンピース姿の小さなおばあさんが地下鉄の入り口の階段を降り始めるところだった。片手には買い物用のキャスター。もう一方の手で手すりをつかみ、いかにも危なっかしい足どりで一段、また一段。思わず私はかけよった。

「お荷物、お持ちしますよ」

　おばあさんはきょとんとした顔で階段の数段下から私を見上げ、そして丁寧に頭を下げて言った。

「大丈夫ですよ。これ、とても軽いんです」

「あ、でも」

「ご親切にありがとうございます。本当に大丈夫ですから」

　それ以上、親切の押し付けをするのがはばかられ、非常に心残りながら私はその場をあとにした。

同じ日に、今度はＪＲの駅で、ベビーカーを押した若い女性が階段のところで四苦八苦している場面に遭遇した。通勤時間はとうに過ぎていたけれど、複数の路線が乗り入れているその駅は行き交う人でごった返していた。やはり私はとっさに声をかけた。

「お手伝いしましょうか」

驚いたことに、その女性は手を大きく左右に振りながら「あ、いいです、いいです」と言うなり、両手でベビーカーを持ち上げ、逃げるようにして立ち去った。遠目に彼女の姿を追うと、幅広い階段の私から一番遠い端っこに移動して、そこでまた最初から四苦八苦をし始めた。周りの通行人たちは、そんな彼女の姿がまったく目に入っていないかのように素通りしていく。手を貸すことにも、また貸されることにも不慣れな人であふれかえっている景色。

夜の東京駅で見かけるホームレスの人の数は確実に増えたが、その隣のタクシー乗り場で、人々は昨日食べた美味しいご飯のことや、タレントの不倫がどうのこうの、というようなことを楽しげに話している。夜更けの駅で酔っ払ってホームに倒れた人の横を、人々は普通に通り過ぎていく。

ここ一五年くらいだろうか。一時帰国する日本で、こうした状況を体験する頻度が増したように思う。人々の暮らしの中で、見知らぬ人に手を差し伸べたり、逆に見知らぬ人に助けてもらったり、という風景が非常に希薄であることを、外から戻ってくるたびに痛感せずにはいられないのである。

日本社会は、家族、地域コミュニティなど、自分が所属する身近なところでは親切だが、赤の他人には驚くほど不親切――そんな私の印象を裏付けるようなデータや分析もいくつか目にした。たとえば「自活できない貧しい人を政府（国）が助けるべきである」という命題について、「非常に賛成」と答えた人口の比率を比較したとき、ヨーロッパ諸国は軒並み高い数字（イギリス五三パーセント、スウェーデン五六パーセント、ドイツ五二パーセント）が並び、中近東、ロシア、アフリカ諸国もだいたい五～六割前後が「非常に賛成」と答えている中、アメリカだけが二八パーセントと目立って低い。しかし、調査対象となった四七カ国のうち、最下位は日本で、わずか一五パーセントなのである[1]（「おおむね賛成」を含めても五九パーセントとやはり最下位）。

貧乏な人を税金を使って助ける必要はない。社会的弱者は自己責任。そういう「民意」をそのまま反映したかのように、日本はいわゆる先進国中、生活保護の受給率やＧＤＰ（国内総生産）比が低い。

1　Pew Research Center 二〇〇七年の調査データ。http://www.pewglobal.org/files/pdf/258.pdf

人口に占める生活保護受給者の割合は、ドイツ九・七パーセント、イギリス九・二七パーセント、フランス五・七パーセントであるのに対し、日本はわずか一・六パーセント。[2]

また生活保護費のGDPに占める割合は、イギリス三・八パーセント、ドイツ二・二パーセント、フランス二・九パーセントといった数字に対し、日本は一・三パーセント（OECD〈経済協力開発機構〉平均二・一パーセント）。[3]

日本は貧困がさほど深刻じゃないから、という反応もあろうかと思う。実際、私がかつて住んでいた頃（三〇年前）の日本には「今日明日の暮らしに困る人」が今ほど目につかなかった。だがOECD加盟国のうち、現在の日本はメキシコ、イスラエル、トルコに次いで上から四番目に「貧困率」の高い国なのである。[4]「日本は貧しくない」は今や、幻想であり神話である。給与水準や物価の上昇を普通に経験してきた欧州の四半世紀から日本を眺めると、人々の収入や物価がほとんど上昇していない（あるいは下がっている）現状は明らかだし、さらに、かつてはあまり目立っていなかった貧困層、アンダークラスが、もはや無視できない規模で日本の

2　日弁連「Q＆A　今、ニッポンの生活保護制度はどうなっているの？」。http://www.nichibenren.or.jp/library/ja/publication/booklet/data/seikatuhogo_qa.pdf
3　OECD社会支出データベース（二〇一三年）より。
4　Poverty rate, 2012 https://data.oecd.org/inequality/poverty-rate.htm

底辺に横たわっているという現実に、これまた帰国のたびに直面して、これが私が生まれ育った国なのかと目を白黒させる思いである。

日常の風景、および各種の国際比較データにみられる日本の、この突出した「他者への冷たさ」は一体どこから来るのだろうということを、そんなわけでここしばらく、私は考えてきた。その矢先、逆の意味で驚くことがあった。

ヨーロッパではここ数年、中東やアフリカからの難民の波がかつてなかったような勢いで押し寄せている。対応には各国の間にかなりの差があるが、メディアでその話題を目にしない日はなく、人々の意識の中でこの「難民問題」は日常的なイシュー（課題）として定着した感がある。二〇一五年の夏以降、私の住む国、スイスでも難民支援の掛け声が主に非政府組織や各種市民団体などから次々と上がった。その声にこたえ、スイス各地で、寝泊まりの場のない難民を自宅に迎え入れる個人がたくさん名乗り出たという報道に触れた。口コミで支援物資を集め、自らトラックを運転してギリシャのレスボス島やハンガリーまでそれを運んだ人たちにも出会った。地域のコミュニティセンターではボランティアの人たちがドイツ語の教室を開いていた。

いくら「他者に優しい」からといって、こんなにも多くの人が自宅をやすやすと解放し、自分の時間や労力を使って、シリアやイラクやアフガニスタンやエリトリアからの難民たちに手を差し伸べる様子を目の当たりにしたことは、半分以上、ヨーロッパ暮らしが長く、ヨーロッパ的な市民意識になっている「つもりでいた」私にとっても、実は大きな驚きだった。そうして周りをあらためて見回してみれば、そこには実にさまざまな形で「難民と生きる人たち」がいた。

混雑した場でベビーカーを押す女性を「迷惑」と捉える社会と、見も知らぬ難民を自宅に迎え入れることも厭《いと》わない社会。「他者への態度」における彼我のこの違いは、一体どこから来るのだろう。赤の他人に対する共感や連帯のあり方の違いは、何に起因するのだろう。それが最初の疑問だった。

そこから出発し、まずは難民支援に実際に取り組んでいる人たちに会ってみよう、と思い立った。取材対象にはドイツを選んだ。本当はどこの国でもよかったし、複数の国でもよかったのだが、ドイツは国としてヨーロッパでも飛び抜けて難民支援に積極的であること、そしてその支援の機運が市民のレベルでも突出しているように見受けられたことから、一つの雄弁なケースとしてドイツを取り上げてみることにしたのである。

1　彼らのこと

難民とは誰か

「難民と生きる人たち」の話に進む前に、そもそも「難民」とは誰なのか、彼らをめぐって今、世界にはどういうことが起きているのか、ということに少しだけ触れておきたい。

距離的にも心情的にも、日本から「難民」は非常に遠い。欧州に難民の波が押し寄せた二〇一五年以降は、それでも日本の報道で時々、難民問題を見かけるようになった。しかしその多くは、なにか目立つ出来事が起きた時の一回限りのもので、やはり「他人事」「対岸の火事」という態度が色濃い。だが、世界を見渡してみると、現在、約六五〇〇万人が故郷から逃れる形でさまよっている。うち二〇〇〇万人が「難民」認定を受けている。そしてその半数近くは一八歳未満の子どもである。「一一三人に一人が難民的日常を強いられている」という世界に今、私たちは生きているのである。[5]

5 UNHCR（国連難民高等弁務官事務所）調べ。

日本も批准している国連の難民条約によれば、難民とは「人種、宗教、国籍、政治的意見または特定の社会集団に属するなどの理由で、自国にいると迫害を受けるか、あるいはその恐れがあるために他国に逃れる人々」と定義されている。

そういう人が大人も子どもも含め、一一三人に一人。いったん、安定したかのように見えたその数が二〇一一年から再び急激に増加し、記録は毎年更新。第二次大戦後の世界で、かつてない数の難民が、今、世界にあふれかえっているという。

どうしてそんなにたくさんの人が生まれ故郷を離れ、生死を賭けた大変な思いをして遠いどこかの国へ逃げなければいけないのか。とてもシンプルな言い方をするならば、それはこの世界が、独裁的な圧政や紛争、戦争と縁が切れないからである。

圧政や戦火の下で、人は表現や信教の自由を奪われ、普通に安全に暮らす生存権を脅かされる。恐怖におおわれた日常、食料や医療の供給が受けられず、言論も芸術も宗教も、そして身につける衣服から子どもの教育までもが抑圧される暮らし。直視できない残虐や身近な人の死と隣り合わせの月日。そんな状況に生きる人たちが、最後の手段として「逃げるしかない」という選択を迫られるのである。

彼らが祖国を後にする時、なけなしの所持品と一緒に連れて行くのは「トラウマ体験の記憶」。目の前で起きた殺戮《さつりく》、夜ごと響く空爆の炸裂音、拷問の恐怖、家族や友人を失った体験、家族代々暮らしてきた街が瓦礫《がれき》の山と変わり果てたこと。そうした記憶を背負って、彼らは海を渡り、バスを乗り継ぎ、夜道を歩いて新天地を目指す。

六五〇〇万人の難民たちのうち、ごく一部の「幸運な者」たちは、欧州に渡り、言葉を学び、新しい社会への順応という次の一歩を踏み出す。外見上は、それでもなんとかやっていっているように見える人、あるいはずいぶん楽しそうにしている人たちだっている。けれど、彼らの一人一人が背負ってきた体験の記憶は決して消えてなくなるものではない。

シリアのケース

こうした難民たちを生み出す背景に、地域の紛争や、祖国の内戦、圧政があると言ったが、もちろんここには一地域や一国だけの事情ではなく、多くの国々の政治的、外交的、経済的、軍事的な思惑も絡んでくる。歴史上の負の遺産も影響を及ぼし続ける。「対岸の火事」などと言っていられる国は実は一つもないといってもいいくらいに、それは一国、一地域を超えた地球全体の問題。だからこそ、どこがどうなっているのか、難民流出の背景について、本当のところを理解するのはとても難しい。

たとえば、昨今の難民問題で大きなスポットが当たっているシリアのケース。この国が前代未聞の大量難民を放出した背景についても、誰が言っていることが本当なのか、現場の状況は

シリア紛争から逃れ、イラク北部のクルディスタン地域ドホークを目指すシリア難民。 © UNHCR/S. Baldwin

実際のところどうなっているのか、正確に知り尽くすことは不可能だ。けれど、国際社会で大まかに共有されている理解というようなものをあえて示そうとするならば、およそ次のようなことになるだろう。

チュニジア革命を発端にアラブ世界一帯で民主化のうねりが大きく膨らんだ（かのように思われた）「アラブの春」（二〇一〇年末以降）。その波はシリアにも押し寄せ、反アサド政権のデモが国内各地で相次いだ。アサド政権というのは父親の代から続く独裁政権だが、それでも「独裁のおかげで」治安が保たれ、宗教派閥間、民族間の摩擦がある程度抑えられていた側面はあり、「独裁とはいえ」アラブ諸国の中では比較的安定した国政が続いていた。欧米をはじめとする諸外国との経済的、地政学的な「持ちつ持たれつ」のバランス関係もあった。しかし、独裁は独裁。アラブの春ムーブメントでＳＮＳ（ソーシャル・ネットワーク・サービス）によって繋がった若者たちは「そうか、この世にはもっと良いものがあるんだ」ということに、いわば気づいてしまった。そして声を上げた。

最初は平和的なデモだったが、これを政府が武力で押さえつけたことに対し、反政府側も武器をとって応戦したことから内戦が勃発。一般市民の多くも反政府軍（自由シリア軍）に加わり、さらにこれに異なる宗派同士、異なる民族同士の軋轢《あつれき》、そしてイラクから勢力を拡大しつつあったＩＳＩＳ（「イスラム国」を名乗る集団）も関与し、内戦は泥沼化。当初の平和的な「反政府運動」は、ＩＳＩＳの残虐で狂信的な殺戮行為をも巻き込む複雑で多重構造的な内戦に発展してしまった。

ダマスカスやアレッポなどの都市は崩壊し、ＩＳＩＳはラッカの街を制圧。だが、国連主導の停戦交渉もロシアやイランなどの抵抗、アサド政権の不参加などに阻まれうまくいかない。化学兵器の使用を含む長引く内戦で人道危機も拡大。二〇一五年にはロシアが「反テロリスト」を理由に軍事介入。

アサド政権、反政府軍（複数のグループ）、ＩＳＩＳ、ロシア、イラン、欧米諸国。たくさんの当事者たちが直接的・間接的に絡まり合うこの内戦で、現在に至るまで、以前の人口の半分にあたる一一〇〇万人が命を落とす、あるいは国内外での逃亡を余儀なくされた。国連の見積もりで、死亡者は少なくとも四〇万人。四八〇万人がすでに難民として国外へ逃れ、八七〇万人が国内で逃亡生活を送る見通しだという。

大きな数字を並べ立ててもイメージがわかないだろうけれど、これは国民の四人に一人が難民となり、二人に一人が国内で逃げまどっている五年間という状況である。二〇一六年末現在も相変わらず出口の見えない、二一世紀最悪の殺戮といわれるシリア内戦で、難民の数は日々、更新され続けているが、紛争や内戦は、もちろんシリアだけの出来事ではない。

人目に触れる難民、触れない難民

ソ連の侵攻（一九七九年）以来、世界最長期間の紛争が続くといわれるアフガニスタンは、タリバーン勢力拡大、度重なる干ばつ、「九・一一」（二〇〇一年）後のアフガニスタン戦争を経て、四〇年近く、大量の難民を生んできた。多数の子どもが犠牲となった二〇一四年の学校テロ以降はさらに多くの人々が国を逃れ、パキスタンやイランなどの近隣諸国、およびヨーロッパで難民として暮らしている。

内紛状態が四〇年近く続くということは、その国のそっくり一世代以上が、その間、教育や医療、福祉の面で非常に手薄だったことをも意味する。後述するように、ドイツ国内で私が個人的に出会った難民たちのプロフィールにも、その結果が如実に表れていることを痛感した。シリア難民は祖国での生活水準や教育程度も比較的高く、結果、言語習得をはじめとする難民受け入れ国での同化がまだしもうまくいくことが多いが、アフガニスタン難民となると、外国語はおろか、文盲率がまずは非常に高い。結果、情報格差の底辺のところで難民生活をスタートしなければいけない。貧困の度合いも比べ物にならない。せっかく大変な苦労をして祖国を逃れても、新天地での順応には大きな壁が立ちはだかるのである。

　こうした状況はエリトリア、スーダン、ソマリアなどのアフリカ諸国からの難民たちにも共通する。一九九三年の独立以来、独裁政権が二〇年以上続いているエリトリアからは、最悪時（二〇一五年）には月に五〇〇〇人規模の難民がゴムボートで海を渡って逃亡。この二〇年間、選挙は一度も行われず、報道の自由はほぼ皆無。若者は無期限の兵役を義務付けられ、市民の生活においても拷問や性的暴力が日常。この国のそんな状況を、国連調査委員会は「世界最悪の人権侵害状況の一つ」と認定したが[6]、各国の利益や思惑が幾重にも重なるシリアやアフガニスタンなどと比べ、「国際社会」の注目度は非常に低い。あたかもこの国が、そしてそこで生

6　UN Inquiry reports gross human rights violations in Eritrea　http://www.ohchr.org/EN/NewsEvents/Pages/DisplayNews.aspx?NewsID=16054

まれ落ち、一生を終えていくすべての人たちが、この世に一度も存在しなかったかのようである。

長年の兵役で学校教育もろくに受けられなかった若者たちは、それでも夢を求めて、投獄経験などを経ながら、時に何年もかけてヨーロッパを目指すが、故郷に残された老人と子どもたちには絶望しかない。もちろん、ひとたび逃亡に成功した若者たちも難民申請が通る確率は決して高くない。そして文化的な同化の困難はアフガニスタン難民と通じるところがある。

シリア、アフガニスタン、エリトリア……。これらは世界にあふれる難民たちをめぐる背景のほんの一例に過ぎない。報道や国際社会の関与という形で、それでもまだ「人目に触れる難民たち」がいる一方、出身国の紛争や圧政、民族浄化といった状況を世界にほとんど知られることもなく、一生を難民キャンプで終えるような人だって山のようにいる。冒頭で触れた「六五〇〇万人」の一人一人に、人生や家族や友人があることはいうまでもないが、彼らの祖国や周辺国で起きていることについて、世界の多くは、相変わらず、驚くほどに無関心のままなのである。

どこを目指したか

さて、こうした難民たちの大多数（八六パーセント）は、だが、メディアなどを通じてつくられる私たちの「一般的なイメージ」に反し、実はいわゆる近隣の国々（多くは発展途上国）で生きている。トルコ、パキスタン、レバノンが受け入れ国のトップ3。[7] 生活環境は非常に厳しく、基本的な人権の保護とは程遠いところに暮らす人が大半だが、そこからさらに「より希望の持てる土地（たとえば欧州）」を目指すことは決して容易ではない。海で溺《おぼ》れ、砂漠で捕まり、家族はバラバラになり、悪徳仲介者に全財産を奪われるような道程が待ち構えているし、通過国で収監されたり拷問を受けたりする危険もあるからだ。

　難民人口のおよそ半数は一八歳未満の子ども。五年以上続くシリアの内戦は幾度かの停戦の試みも頓挫し、ダマスカスやアレッポをはじめ、無残に破壊された街が大量の難民をはき出したのは前述のとおり。そのことが世界の注目を集め、難民問題への関心を広げたのは事実だが、先に触れたように難民はシリアの人だけではない。アフガニスタン、ソマリア、イラク、パキスタン、イエメン、イラン、その他、たくさんの国から、それぞれの苛酷な運命を逃れ、今日も、明日も、多くの人々が住み慣れた土地を離れ続けている。そういう人たちが一分間に二四名も新たに生まれ続けているのである。

　そんな流れの中、二〇一五年、ヨーロッパは前代未聞の難民流入の大波を経験した。一〇〇

7　UNHCR Global Trend 2016

小さなボートでイタリアを目指すシリア難民。奥はボートを発見して救助するイタリア沿岸警備隊の船。 © UNHCR/A. D'Amato

万人以上の難民が、海を越え、ヨーロッパ大陸を目指したのである。最初は北アフリカからイタリアの小島に渡るルート、次いでトルコからギリシャに渡ってバルカン半島経由で北上するルートに難民の移動が集中。溺死《できし》した子どもの映像、通過国ハンガリー等での過酷な状況などが知られ、人道上、彼らを受け入れなければいけないという空気が共有されたものの、その実践面においては欧州内の足並みは揃わない。欧州域内の自由な人の移動というEUの理念、それに真っ向から矛盾するような国境封鎖という事態に、EUも、二八の加盟国も、それぞれパニック状態に陥った。東欧と西欧の価値観の違いがむき出しになり、EUの出す難民政策も加盟国の思惑が足かせになり、なかなか緒につかない。制度

8　ほとんど流行語ともなったメルケル首相の“Wir schaffen das!”schaffenというドイツ語には、「やります、努力します」という意志に加え、「なんとかやり遂げてみせる」という「成果の約束」のニュアンスも含まれる。

上、手続き上の煩雑さがそれに拍車をかける。ヨーロッパが一枚岩でないことが突きつけられたような数カ月だったが、そんな中、ドイツ、スウェーデン、オーストリアに難民は集中した。

とりわけドイツは、二〇一五年九月にメルケル首相が「私たちはやります」[8]と言って、ハンガリー経由の難民たちを大量に迎え入れたことで、一気に受け入れ国のダントツ一位（二〇一五年だけで八九万人）となり、今もその状況は続いている。難民申請数ではこれらにハンガリーとイタリアも加わるが、いずれも地理的な「通過国」であるための数字である。

英国を目指す難民は多いが、英国は受け入れを厳しく制限しているため、ドーバー海峡を挟むフランス側のカレー市では、大量の難民が足止めを食らっていた。その彼らも、二〇一六年、フランス側が界隈《かいわい》の仮設キャンプを撤去し、国内数カ所のキャンプに移動させられた。けれど、家族がすでにいる、言語が馴染みのある英語であるなどの理由でどうしても英国を目指したい難民たちは、こうした「集団移動」から逃げ出し、パリ北部の路上などで寒い冬をしのぎつつ、英国へ渡るチャンスをうかがい続けている。

難民危機という視点で世界を眺めてみたとき、国の経済力や安定度に見合った受け入れの分布がまったく実現できていない点も、この問題における大きな課題であることがわかる。経済規模で見た時に、難民受け入れの上位一〇カ国（難民全体の半数以上を受け入れている）は世界経済のたった二・五パーセントしか担っていない。[9] そして先進国の中ではヨーロッパと北米に受け入れが極端に集中しているが、その中にも偏差がある。二〇一五年、EU諸国にノルウェーとスイスを合わせた欧州三〇カ国で一三〇万人の難民（難民申請者）を受け入れたが、ドイツ一国だけで八九万人というアンバランスである。

そして周知のように、日本は年間、多くて数十人という、他の先進国に比して、はるかに桁違いの規模でしか、この世界の共通課題に関わっていないのである。二〇一一年以降、六三人のシリア人が日本政府に難民認定を申請しているが、認められたのは三人だけである。また二〇一五年度の難民申請者は七五八六人、うち、認定者数は二七人だという。[10]

9　アムネスティ・インターナショナル調べ。
10　法務省発表による。

難民ハイムの住民たち

ドイツ南部、ヘッセン州の中規模の街、ベンスハイム。知人の紹介を得て、二〇一六年五月にその街にある難民ハイム[11]の一つを訪れた。

「今はこうして少なくともハイムなどに彼らは暮らすことができているけれど、少し前までは町外れの空き地にテントや簡易トイレが並んでいました。昨年来、大量の難民たちがやってきて、インフラがまったく追いつかず、見るも悲惨な状況でした」

そう言って、難民たちの「まだマシな」ハイム生活を、案内役のボランティアの女性は見せてくれたのだった。それは古い空き家を急遽《きゅうきょ》、難民ハイムとして市が提供したものだそうだが、他にもホテルやディスコ、体育館などが同じ目的で彼らの受け入れ場所へと姿を変えたという。

「こんにちは」

ハイムの玄関前で二人の四〇代半ばくらいの男性が、大きく手をふって私たちを出迎えてくれた。私たちの来訪を知らされていて、しばらく前からそこで待ってくれていたようだった。初夏の素晴らしい晴天を見上げ、そのうちの一人が「僕の国みたいな空だね。いつもこれだといいけどね、なかなかね」と笑う。

「冬が厳しいね、ドイツは」ともう一人が応える。一人はパキスタンから、もう一人はスーダンから来たという。

11　居住先の定まらない難民は、通常、にわか作りのキャンプ（空き地にテントを張ったようなものから、体育館にマットレスを並べたようなところまで形態はさまざま）に収容される。とりわけ、大量の難民流入があった時期には、こうしたキャンプがドイツ各地にたくさんつくられた。申請手続きを済ませると、順にもう少しマシな居住施設を紹介される。多くは一つの部屋を数人でシェアする形で、共同のキッチンや浴室などもある。こうした施設を本書では、便宜上、まとめて難民ハイムと呼ぶ（家賃は不要）。難民はハイムに留まり続ける義務はなく、役所やネットワークを利用して、アパートを見つけたり、それを人（難民とは限らない）とシェアしたり、あるいは親戚や知人の家に移住するなど、その後は「本人の努力や運」などによって、さまざまな居住形態に分散していくが、運悪く、長期間、キャンプやハイムに留まり続ける人もとても多い。

難民ハイムの入り口で笑顔の出迎え。

たくさんの寄付品が使い道なく玄関脇に放り出されていた。

玄関の脇にはソファやテーブル、椅子などの家具が行き場なく放り出されていた。

「このハイムがスタートしたときに、衣服や家具など、ものすごい数の寄付が届いたんですよ。あんまりたくさんで使い切れなくて、こんなふうに余っているんです」

案内の彼女のあとについてハイムの中に入った。

そこは家族を伴っていない成人男性専用のハイム。出身国別に一つの部屋を三〜四人でシェアして使っているとのことだった。洗濯物が部屋の真ん中のラックに干されていたり、ベッドの上に携帯電話が転がっていたり、コーラのペットボトルが並んでいる部屋があるかと思えば、別の部屋ではキリストの絵が壁にかかっていたり、サッカー選手のポスターが貼ってあったりする。

ひょいと奥の部屋から一人の青年が顔をのぞかせた。青年といっても、まだあどけなさの残る子どもみたいな顔だった。英語もドイツ語もほとんど通じないのでうまく話ができないが、彼がスーダンから来たことはわかった。言葉が通じないのに、大きな目をキョロキョロさせながらなんだかすごく楽しそうに話しかけてくる。退屈なハイムでの暮らしに、外からのお客さんがくることが嬉しいようだった。年をきいたら「一八歳」と答えた。

建物の二階に共同のキッチンがあった。なにやらいい匂いが漂ってくる。中を覗《のぞ》くとそこではパキスタン人の男性があざやかな手つきで薄いパンを焼いているところだった。鍋にはカレーのような煮込み料理がぐつぐつと煮立っていた。

難民ハイムで会った18歳の青年。出身国はスーダン。

「一緒にどうですか?」

焼きたてのパンを「ほら」とみせてくれた。いい感じに焦げ目がついてとても美味しそうだ。

「ドイツに来たのは一年前。難民申請してそれからひたすら待っているよ」

「申請、通るといいですね」

男性は天を仰ぐ格好で両手を大きく広げた。

ふと背後に人影を感じた。振り返ると、ちょうど外から帰ってきたばかりらしい男性がそこに立っていた。黒髪に褐色の肌。年の頃は四〇歳くらいだろうか。手には封筒を持っている。封筒を持つ手がブルブルと震えている。

「どうしました?」

尋常でない彼の表情に私の案内人が声をかけた。

「今、たった今、手紙を受け取りました」

「……」

「僕の申請が、却下された」

パンを焼いていた方の陽気な男性の顔が一変した。案内人は、「ああ、なんということ」といって封筒の彼を抱擁した。

「二カ月以内に荷物をまとめてドイツを出なければいけない、とあります。どうすればいいのか。ドイツにきて三年、ドイツ語も頑張った。仕事も始めた。僕は悪いことしてないし、祖国に帰ったら地獄なんだ」

ハイムの共同キッチンで料理をしていたパキスタンからの難民。

彼の黒い目から大粒の涙がぼろぼろとこぼれ落ちた。

「彼もパキスタンの人なのよ」

案内役の女性が、ため息混じりにそっと耳打ちしてくれた。

私はその日、スイスから電車に乗ってドイツにやって来たばかり。「難民と生きる人たち」の取材をはじめて、たった数時間でいきなりこんな風景に出会ってしまった。返す言葉が見つからず、そこに立ち尽くすばかりだった。

希望を抱いてこの国にやってくる人がいる一方で、希望を打ち砕かれ、それまでの数年間が「無」に帰するという形で、少ない荷物をまとめて再びここを去っていく人もいる。まずは最初に、「去っていく人」に出会ってしまったが、その日の午後、私は同じハイムで、希望の中にいる人たちと話をする機会にも恵まれた。そんな彼らのことを少し紹介してみよう。

パキスタンから六カ月前にドイツにやってきたマナンク。国を逃れた主な理由は宗教的な弾圧だという。

「パキスタンはイスラム教の国ですが、マイノリティ宗教もたくさんあるんです。僕はヒンズー教です。こちらに来て、難民申請をして、インタビューを待っているところです」

マナンクは週に五日間、ドイツ語の学校に通っている。そのうちの三日はこの街で、ボランティアの先生が教えてくれる。残りの二日は隣町の学校を自分で見つけてきたという。

「とにかく、まずはドイツ語だから」

祖国ではレストランで一五年ほど働いていた。けれどドイツではフルタイムで勉強してドイツ語をできるだけ早く覚えることが先決。ドイツまでの道は大変だったけれど、ここに来てから自分の暮らしは「格段によくなった」という。

「オランダに妻と子どもがいます。一緒に逃亡できなくてバラバラになってしまった。でも

難民ハイムで話を聞いたエリトリアとパキスタンの人たち。

近いうちに妻子をこちらに呼び寄せたいと思う。そうしたらここは単身者用だから暮らせないので、アパートを探さなくては。やることがたくさんあります」

もう一人のパキスタン人、ムハメドはまだ学生だ。

「家族はカナダのオンタリオにいるけど、手続きの関係で僕だけがここに来ることになった。もう二年になるけど、まだ申請の返事は来ていません。僕も今は、ドイツ語を覚えるのが最優先課題かな」

三人目のパキスタン人、タリクは、もう三年間、返事を待っていると言う。「でも希望はまだ捨てていない」と。

シリアやイラク、アフガニスタンなどからの大量の難民が押し寄せるドイツ。後続の彼

難民ハイムでは一部屋を数人でシェアしている。

らにどんどん申請許可が下りる中、パキスタンからの難民はこのところ非常に申請が通りにくくなっているという。彼らが淹れてくれたお茶を、プラスチックのカップから飲みながらそんな話を聞いているところへ、今度はエリトリアからの二人が部屋に入ってきた。そのうちの一人、アーロンの話。

「ここに来るまで？　とても大変でした。僕が国を出たのは二〇〇九年。それから二年間、エチオピアの難民キャンプにいました。そのあと、スーダンに逃げて、そこの難民キャンプに一年。再び兵士に捕まって、一年間、牢屋。それからもう一度、エチオピアに逃げた。エチオピアにさらに一年、そしてスーダンにもう一度、そこから海を渡ってイタリア、そして陸路ドイツまで。二〇一三年にドイツに着きました。四年半、ずっと、逃亡生活でした。大変だったけど、でもなんとかここまで来られた。今、幸せです」

「ええ、もちろん逃亡にはお金がかかります。エチオピアからスーダンまで六〇〇ユーロ。スーダンからイタリアまで四〇〇〇ドル。親戚に工面してもらいました。いずれ、お金を返さなければいけない、いや返したい。まだとてもその状態にいってないけれど」

「その親戚は、イスラエルに住んでるんです。あ、もちろん合法じゃないですよ。二〇〇八年から二〇一二年まで、たくさんのエリトリア人がイスラエルに行きましたが、イスラエル政府は難民を受け入れない方針で、でも人道団体の人たちは支援しようとする。だからそこに移民しても、公には不法滞在でいるわけです。仕事も不法なんです。見つかったら国に送り返される。それに比べれば、ドイツはシンプル。僕らは難民申請者として、申請が通る前でも自由な移動、学校に行くこと、働くことを許されている。素晴らしいと思う。そう、働くっていえば、今ね、隣町の会社で働いてるんですよ」

「どんな仕事?」

「機械操縦の仕事です。学校の備品なんかを作る会社に勤めています」

もう一人のエリトリア人、エルミアスの話。

「国を出た時、僕は一六歳。兵士だった。お金も何もなく、ただ、逃げたんだ。ドイツに着

エリトリアから逃れてきた男性。

くまでに二年かかった。親は僕が逃げたことを知りませんでした。ある夜、こっそりと逃げたのです。守ってくれたのはこれ」

そう言って彼は胸元のペンダントを見せてくれた。木彫りの十字架だった。

「エリトリアには正統派キリスト教とムスリムがいるんだ。僕はクリスチャン。祖国ではみんなお守りにこういうペンダントをつけてるよ」

ここにはいろんな宗教の人が一緒に暮らしているでしょう、と私。

「そうだね、クリスチャン、ムスリム、ヒンズー。でもまったく問題ないね、みんな人間としては一緒だから。ああ、でも逃亡生活で長く学校にも行ってないからね、また学校に行きたい。もう一度、勉強がしたいよ」

「ご両親とはその後?」

「うん、今はコンタクトがあるよ。でもエリトリアはネット環境がすごく悪いから、フェイスブックなんかはまず無理。電話だったらなんとか通じる。ただ数分話しただけで一五ユーロもするから、ひと月かふた月に一度話せればいい方かな」

「大変だね」

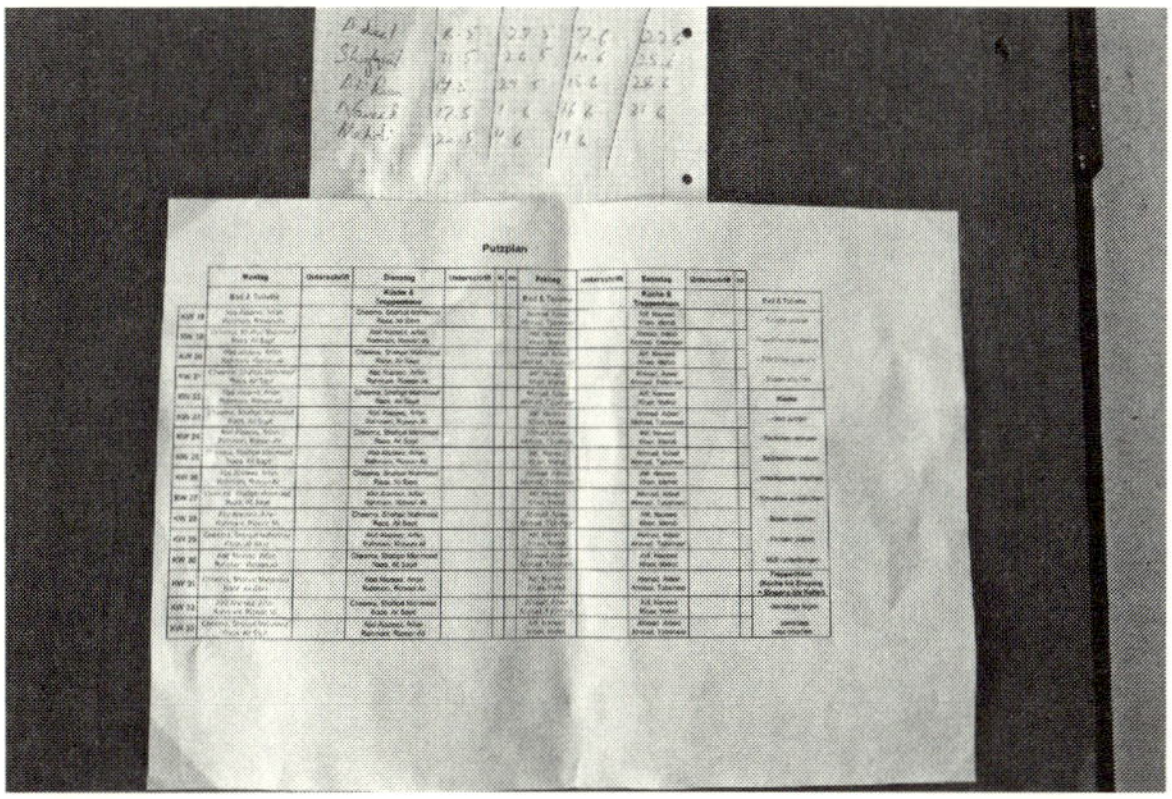

ボランティアの人が作った共同トイレの掃除当番表。

「全然大変じゃない。たいしたことない。すごくシンプルだよ。あ、でも自分でご飯作んなくちゃいけないのと、ドイツ語、これだけは確かに大変だ」

そういってエルミアスは、驚くほど明るく笑った。その場にいた全員が「そうだそうだ、ドイツ語、めちゃくちゃ難しい。あとここの冬の暗さときたら！」といって一斉に笑った。

難民の人はみんな悲しい顔をしているはず、という私の先入観は、このハイムで過ごした数時間であっという間に消えてなくなった。数年間の逃亡生活を経たあとでも、三年間、申請の返事を待ち続けていても、人はこんなふうに一緒にお茶を飲みながら笑い合うことができる。

彼・彼女らを取り巻く環境、ドイツ編――「やればできる!」

この難民ハイム訪問を皮切りに、私は難民をさまざまな形で支援している人たちに会って話を聞いた。別のハイムやキャンプを訪ねたりもした。同時に、日々アップデートされる難民をめぐるドイツおよび世界のニュースにも、「他人事」でなく「自分ごと」としての関心をもって目を通してきた。そのような体験の積み重ねを通し、俯瞰《ふかん》的に見えてくること、感じることも多々あったが、本題に入る前にまず、今、ドイツ、および近隣諸国で難民たちを取り巻く環境がどうなっているのかということを、歴史的背景にも若干触れながらざっと眺めてみたいと思う。

ドイツのメルケル首相が歴史に残る有名な台詞「やればできる Wir schaffen das!」を吐いたのは二〇一五年の八月末のことだった。続く九月五日に、ハンガリーのブダペストの駅からドイツまで徒歩で向かっていた数千人の難民たちを「ドイツが受け入れる」と発表。ハンガリーからドイツにどっとなだれ込んできた難民たちをミュンヘン中央駅で熱狂的に出迎えた市民たちの映像が世界中に流れ、それが「難民問題」の可視化に大いに貢献したことは間違いない。けれど、難民はこの年の夏に突然、現れたわけではもちろんない。

「他人事」から「ヨーロッパの悲劇」へ

二〇一三年末あたりから、難民の数は世界的に急上昇した。その背景には、シリアのアサド政権と反政府軍の対立と、これに続く内戦化、イラクやシリアでのＩＳＩＳの勢力の拡大、アフガニスタンでのタリバーン勢力の拡大、ソマリアの市民戦争、エリトリアでの人権の蹂躙《じゅうりん》など、世界各地で一般市民の生存や安全が脅かされる事態が次々と勃発したことがある。

この年の一〇月にイタリアのランペドゥーサ島沖で難民を乗せた船が沈み、四〇〇名近い人が亡くなった事件は、最初の大きな衝撃をヨーロッパにもたらしたものだったと思う。これを受け、イタリア政府の声掛けにＥＵが資金援助をする形で急遽「マーレ・ノストルム[12]救助ミッション」が発足。翌年の秋までにおよそ一五万人の難民の命を救った（亡くなった人は三四〇〇人）。

二〇一五年にシリアの内戦が激化したことは、この国からの難民の流出数を激増させた。[13]そ

12 Mare Nostrum＝我々の海という意味のラテン語。地中海を指す。

13　二〇一一年の内戦勃発以来、シリアからの難民は五〇〇万人を超える。そのうち一一〇万人余りがヨーロッパで難民申請をしている（UNHCR調べ）。

の結果、まず難民の最大の受け入れ国である近隣諸国（ヨルダン、レバノン、トルコなど）で人道支援の財源や人手が圧倒的に不足。早くもこの年の初めにレバノン政府はこれ以上の難民申請を受け付けない決断を発表した。またトルコやレバノンでは難民には労働が許可されていないため、長引くキャンプ生活で生活資金も底をつく。子どもは何年も学校に行けない。そうした厳しい状況を逃れるために、多くの難民が「人権の保障される」ヨーロッパを目指すようになったのである。

彼らの大半がとったルートは通称「バルカンルート」。トルコから海を渡り、ギリシャ、バルカン半島、ハンガリーを経由する道であったが、大量の難民流入を受け、ハンガリーは同年六月、セルビアとの国境に一七五キロにも及ぶ鉄条網を設営。その映像は、多くのヨーロッパ人の目に、「欧州域内の人の自由な移動」という共通理念に対する「暴力」として映った。またハンガリーやポーランドなどの政治的リーダーが積極的な反難民の発言を公的にしたことも、同じヨーロッパ域内における東と西の溝を浮き彫りにさせた象徴的な出来事だったと思う。

オーストリアの高速道路に停止したトラックの中から、七一名の難民（男性五五人、女性一二人、子ども四人）が遺体で発見された事件（二〇一五年七月）は、人々の良心に痛みと戦慄《せんりつ》をもたらし、他方、ユーロトンネルのフランス側の入り口、カレーで、大量の難民たちがイギリスに渡ろうと試みる様が連日のように報道されていた。二〇一五年上半期だけで一万八〇〇〇人もの人が、トラックの幌や柵につかまったり、冷蔵車や危険物搭載車の中に潜り込んだり、橋や柵の上からトラックに飛び乗ったりと、文字通り「綱渡り」のような危険な状態で海を越えようとしたのである。捕らえられた人の顔には深い絶望が刻まれ、多くの人がこの「綱渡り」で命を落とした。

EUには「ダブリン協定」という難民政策があり、難民は「最初にたどり着いたEU加盟国で難民申請の手続きをしなければいけない」ことを定めている。しかし、ハンガリーにおける難民の悲惨な状況が日々伝えられる中、ドイツ移民局はダブリン協定があるにもかかわらず、「人道的理由からハンガリー経由のシリア難民を再びハンガリーに追い返さない」ことを宣言。その直後の記者会見上（二〇一五年八月三一日）、メルケル首相は声を震わせ「やればできる、やってみせます」という先に紹介した言葉を口にした。「どうぞ、ドイツにいらしてください」と難民を受け入れる意思を明確に表示し、同時にまた、「国内において難民の方に手を差し伸べることを拒否する同胞がいることは、実に理解しがたいことである」とも明言したのである。

メルケル発言に続く九月の最初の週末、ハンガリーからの難民を乗せた電車がミュンヘンの

14 Sozialwissenschaftliche Institut der Evangelischen Kirche in Deutschland 調べ。

中央駅に次々と到着した。その数、一万八〇〇〇人。出迎えるのは「ようこそ、ドイツへ」というプラカードや旗などを掲げ、水や食べ物、衣類などを持ち寄ってそこに集まってきた老若男女のドイツ人たち。疲れた顔で駅のホームに降り立つ難民たちにハグをし、彼らの荷物を持ち、ゴミの片付けをする人たち。その温かい歓待ぶりが世界各地のメディアで取り上げられたことは記憶に新しい。

二〇一五年だけで、ドイツは八九万人という前代未聞の数の難民を受け入れた。受け入れたものの、だが、政府の対応は後手後手になり、宿舎の不足、制度の不備、人員の不足、各種手続きの一貫性の欠如など、大混乱に陥った。そんな中、多くの個人が援助の手を差し伸べた。この一年間で何らかの形で難民支援に関わった市民は、九〇〇万人にも及ぶという。全体の人口のおよそ一一パーセント、一〇人に一人以上という数字である。[14]

こうした事態を受け、ＥＵは難民の受け入れ枠を各国に割り当てることを試みたが、国境警備を強めたり、受け入れ枠が「不当」だとして抗議する国が相次ぎ、足並みは揃わない。同時に、ヨーロッパは各地でテロの攻撃[15]や、「難民の仕業」とされるような事件[16]などが立て続けに起こり、それが難民排斥の空気を醸成する土壌にもなっていく（これについては一九六ページ

「取材を終えて」の中で後述）。二〇一六年一月、ＥＵは苦肉の妥協策として、トルコに経済支援をする代わりに「これ以上の難民をヨーロッパに送らないように」という約束を取り付けざるを得なかった。

ＥＵとしての「共通利益」と加盟各国の「国益」のどちらを優先させるのか。「人道」と「治安」「財政やマンパワーの不足」をどう両立させていくのか。非常に厳しいジレンマが幾重にも複雑に絡み合う中、ＢＲＥＸＩＴ（イギリスのＥＵ離脱）の衝撃が走り、さらなるテロ事件がそれに拍車をかける。この間、難民というイシューは、遠い国の「他人事」から、「ヨー

15　二〇一五年一月のパリ「シャルリー・エブド」襲撃事件、一一月のパリ同時多発テロ事件、二〇一六年三月のブリュッセル連続テロ事件、七月のニース・トラック事件など。

16　ドイツのケルンで二〇一五年の大晦日の夜に起きた集団性的暴行事件では、中央駅前や大聖堂前でニューイヤーズイブを祝っていた数百名の女性が暴行や窃盗の被害にあった。容疑者の半数は主に北アフリカ系の難民（一部、欧米人も加害者にいた）だったが、難民排斥の動きになることを恐れた人権派メディアや政治家は、発表や報道を「自粛」。ドイツ国内外を震撼させる出来事であり、ドイツにおける「難民政策」の修正、極右勢力の支持拡大などを直接間接にもたらしたメルクマール的な事件だった。

ロッパ内、ひいては世界全体の悲劇や分裂の問題」へと、大きな変換を遂げた。わかりやすい出口の見えないそんな状況の中、それでもドイツ国内では「難民の統合」という次の課題に向かって、政治と市民が模索を進めている。そしてそこにはドイツ自身がたどってきた「移民大国の経験（と失敗）」が少なからず生かされているように思う。

戦後史の中での経験

第二次世界大戦後最大の難民危機の中、ドイツは難民の受け入れにおいてその数の上で群を抜いている。しかし、ドイツが難民や移民を大規模に受け入れるのは、これが初めてではない。

戦後間もない時期、ドイツは疲弊した国内経済の復興のために外国人の労働力を必要とした、という事情がまずはあった。一九五〇年代から七〇年代にかけ、ドイツはイタリア、スペイン、トルコなどと、次々と二国間協定を結び、ガストアルバイターと呼ばれる大量の移民労働者（のべ二〇〇〇万人以上）を受け入れた。一九六一年にベルリンの壁が造られたことで、それまで頼っていた旧東ドイツからの労働人口が一夜にしてゼロになってしまったことも、こうしたガストアルバイター政策を後押しする背景となった。

この時期の移民は、しかし、「ガスト（お客さん）」というその名が示す通り、ドイツの社会に彼らを統合することをほとんど考慮しておらず、「一時的な労働人口」という意味合いが強かった。にもかかわらずこうした移民たちの多くが、二国間協定終了後もドイツにとどまり続け、その結果、社会統合されないままの外国人人口を国内に多くかかえる状況を生み出した。とりわけ、文化的、言語的、宗教的にも隔たりの大きいトルコからの大量移民は、ドイツ生まれの二世代目以降も、同化に困難を抱え、子どもたちはドイツ語や学業一般で遅れをとり、就業面でも不利になるので、結果的に貧困層を生んでいくという悪循環がなかなか断ち切れない状況が定着してしまった。

一九八九年のベルリンの壁崩壊は東欧からの移民を一気に増加させた。また一九九六年からのコソボ紛争による大量の難民流入も経験[17]。こうして九〇年代のドイツは再び、移民受け入れのピークを迎えた。二〇〇〇年には時の首相シュレーダーが、経済発展と少子化に伴う労働力不足を補うために、グリーンカード制を導入。外国から、技術労働者を多数受け入れる政策に舵を切った。同年には国籍法も改正され、それまで血統主義だったものを出生地主義に変更。二重国籍取得も可能になった。

そのような流れを経て、今回の難民危機に至る前の段階で、すでにドイツでは国民の五人に

17　コソボ難民は七四万人に上ったが、その約半数をドイツが受け入れている。

一人は「移民のバックグラウンド」を持つ国になっていたのである。そして今後も、この割合はさらに増えていくことが予想される。

とはいえ、こうした幾度にも及ぶ「移民、難民の受け入れ」は、その都度、ドイツの社会に複雑な問題や不安定要素をもたらした。隣国フランスの、主に北アフリカ系移民の同化政策の「負の結果」も反面教師となった。

ドイツの憲法（ドイツ連邦共和国基本法）には、「政治的に迫害される者は庇護《ひご》権を享有する」と明記されている。人道的な面からも、憲法上からも、ドイツは難民を拒むことができないのである。であればこそ、過去の経験に学び、「今回は失敗しないように」という用心深さも出てこようというもの。このたびの難民危機に際し、「社会統合が鍵である」という共通認識に現在のドイツが至っているのには、こうしたさまざまな歴史的な背景があるのだと思う。

「共に生きる人たち」という不可欠の存在

ひとくちに難民支援といっても、いろいろな仕方がある。先に触れたように少なくとも一〇人に一人という割合の市民が、二〇一五年に何らかの形で難民支援に関わった。募金をする人、物資の提供をする人、ドイツ語クラスや統合コース、難民ハイムなどでボランティアをする人、支援ネットワークやコミュニティを立ち上げる人など、その方法は多岐にわたっているし、一人の人が複数の仕方で支援に関わっているケースにもたくさん出会った。

その中でもとりわけ、アパートをシェアしたり、自宅に難民を迎え入れるという形で「日常的に難民と生きる人たち」に多く話を聞いた。そもそも、自分の家に「見知らぬ人を迎え入れる」というだけでも違和感を覚える人は少なくないだろう。ましてや、言語や文化や宗教の異なる人、長いトラウマ的な体験を背負ってきた人と「明日から一緒に住む」ということであれば、「よくそんなことが」「自分にはとてもとても」と回れ右をしたくなる気持ちも私はよく理解できる。

その上で、にもかかわらず、なぜこれだけ多くの人が「難民と生きる」という支援の方法をとったのか、それは本当に「自分にはとてもとても」というほどの大事《おおごと》なのか、ということに私は興味があった。その現実を知りたいと思った。そうして出かけた取材の旅で、私はたくさんの人に出会った。彼ら一人一人の「生身のストーリー」は多くの示唆を与えてくれたが、本題に入る前に、この章の最後に、取材やリサーチを続けていく中で見えてきたドイツ国内での「仕組み」の面について少しだけ、触れておきたい。

難民が受け入れ国（ドイツ）に到着すると、国が制度的に定めた割り当てに従って全国の自治体に振り分けられる。そこで難民申請手続きを行ってから最初の六カ月間は原則的には同じ自治体の指定された宿泊施設にとどまらなければならない。生活費は自治体から支給される

（月に数百ユーロ。自治体によって額や支払い方法にはばらつきがある）。ただし、二〇一五年夏以降は難民の数が急増したため、居住施設が追いつかず、「緊急措置」として多数の市民団体、個人が「住まいの見つからない難民」に屋根を提供した。期間は数日から数カ月、それ以上に及ぶものまでさまざま。

六カ月が過ぎれば、難民は（難民認定が下りていない状態でも）アパートに移ることができる。まだ仕事が見つかっていない場合は、ここで自治体が家賃などを負担する場合もあれば、第三者（企業や個人が「スポンサー」になるようなケース）が援助をする場合もある。この段階で難民とフラットシェア（集合住宅の一部屋を数人で借りる）をする場合、または大家としてフラットを貸す場合は、公正な賃貸料を定めた契約を結ぶこともできるし、無料で提供することももちろん可能。

提供者と難民を結びつける仕組みは、公的な斡旋《あっせん》から、フェイスブックページ、その他のオンラインのコミュニティまで多岐にわたる。口コミで話が成立することも多い。また、有料無料にかかわらず、難民に部屋を提供したり、難民とフラットシェアをしようと考えている人たちのためのガイドブックのような情報も、国や地方自治体が提供するものをはじめ、さまざまなサポートグループやプラットフォームが立ち上がり、そういった場で入手することができる。[18]

難民がドイツ社会に馴染んでいくために、ドイツ人とのコンタクトは非常に大きな役割を持つ。体育館をにわか作りのキャンプにしたような場所で、プライバシーもない状態で数カ月、外との接触も限られた生活を続けていれば、当初の活力や意欲は当然、萎《な》えていく。ドイツ語も上達しない。たとえ数週間、数カ月でも、現地の人と共に暮らしたり、一緒にご飯を食べたり、役所の手続きを手伝ってもらったりという経験を得ることで、彼らの心の側面は大きく満たされるし、ドイツ社会の仕組みへの慣れも急速に進む。

ただでさえ、手一杯で不備も多い国や自治体の仕組みだけでは、彼らの社会統合はなかなか進まない。難民支援への市民の参加が彼らの自立や自尊心という面においても実に大きな力になることを、たくさんの実例を目にして私はずいぶん理解することができた。彼らの同化には、彼らと「共に生きる人たち」の存在がほとんど不可欠であることを実感したのである。

次章に綴《つづ》る、共に生きる人たちの「生身のストーリー」は、だが、手を差し伸べる側もまた、葛藤《かっとう》や迷いとは無縁でないことを教えてくれる。十人の「共に生きる人たち」には、十色の理由や動機や葛藤や学びがある。変化もある。当たり前のことなのだが、難民という極限を生きてきた人たちと、ごく普通の暮らしや自由が当然のように保障されている市民たちとの交わり

18　たとえば、Pro Asyl という難民支援のＮＧＯが発行しているガイドは非常にわかりやすくコンパクトに「難民と暮らすノウハウ」を提供している。http://www.spiegel.de/media/media-37672.pdf

は、「助ける」対「助けられる」、「こちら」対「あちら」という境界が次第に曖昧《あいまい》になっていくプロセスでもあることを痛感させられた。彼らのストーリーを綴るに当たって、だから私は、余計な解釈や美談仕立ての誘惑をなるべく自分に禁じ、恣意《しい》的な切り貼りを避け、彼らの生の声をそのまま写しとることを心がけたいと思ったのである。

2　十人十色の「難民と生きる」

マルティナ

「物心ついた頃から、ずっと考え続けてきたことがあるんです。第二次世界大戦について、私やあなたと何ら変わらない普通の人間たちが、一体、どうしてあんなふうに、ある日を境に、人を人とも見なくなってしまったのか、ということ」

連邦政府の陳情課に勤務する五〇代女性。業務内容は、国民から寄せられるさまざまな苦情や提言を処理すること。二〇〇五年からは難民問題に関連した陳情を担当しており、これに関する「市民の側からの声」に接する機会に、多数、出会ってきた。難民について、多くの人が「力になりたい、役に立ちたい」と申し出る一方、「もうたくさんだ」と言う人もいる。難民反対の立場の人からの陳情の手紙を読むのは、仕事とはいえ、自分にとっては非常に動揺することだ、と言う。

前夫との間に三二歳と三四歳の子ども、そして孫が四人。夫と二人暮らしの住まいに、半年前からシリア人の若者を迎え入れ、一緒に暮らしている。

「またうちに一人子どもが住んでいるというのはなかなかいいもんです」

そう言いながら、携帯電話の中から、まだあどけない表情の残る青年の写真を見せてくれる。

見知らぬ他人を自宅に迎え入れるのは、だが、これが初めての経験ではない、とも。ベルリンの壁が崩壊した時（一九八九年）、東側から大量の人が西へやってきた。町中がお祭り騒ぎでホテルはどこも満室。泊まるところのない人たちが道で寝ていて、家にスペースがあれば泊めてあげるということをみんなが普通にしていた。

「だから私も当然のように、何度もそういうことをしました」

マルティナの職場近くの「カフェ・アインシュタイン」で待ち合わせ。お昼休みの時間はとうに過ぎただろうに、「全然大丈夫」と言って、数時間にわたり、自らの体験や思ったこと、感じたことを率直に、丁寧に、話してくれた。

一呼吸置いてから、「もちろん、どうぞ」と

昨年（二〇一五年）の夏、ドイツにたくさんの難民がやってきました。ここベルリンでも、大変な騒ぎになりました。多くの人が路上で寝起きをしていました。仕事を通じてここ数年、ずっと難民問題に関わる日々でしたが、胸をえぐられるようなこうした光景に触れ、仕事での

関わり以上のことをしたいと思いました。

夫と一緒にラゲーゾー[19]に出向いて行って、まずはそこでお手伝いをしたんです。食事の世話をしたり、衣服を集めたりというようなこと。仕事が終わってから毎晩、通いました。

同じ時期、フェイスブックに寝泊まりするところのない難民たちを支援するページが立ち上がって、私も毎日、目を通していました。そんなある日、カリタスという組織から電話があったんです。カリタスはラゲーゾーとコラボレーションをして、あらかじめ登録している人にコンタクトを取り、宿のない難民の宿泊先を探すということをやっていたんです。電話がかかってきたのは昨年の一二月のことでした。

「シリアからの若い男性を数泊、お宅に泊めてもらえないだろうか、部屋は空いてないだろうか」

二つ返事で「どうぞ」と答えたら、先方はこう付け加えたんです。

19　Landesamt für Gesundheit und Soziales（ベルリンの保健社会局）の通称。難民の申請登録から認定までの手続きがここで担われている。二〇一五年の夏以降、窓口に並ぶ難民の数が急増。手続きが追いつかずに、建物の前は長蛇の列、路上に寝泊まりする人や援助に駆けつける人であふれかえっていたという。

「その青年には心理的な混乱があり、そして同性愛者です」

一呼吸置いてから、もう一度、「もちろん、どうぞ」と答えました。そして彼を迎えに行ったのです。

一八歳の若者。とても痩《や》せていて小柄で、ちょっとおどおどした感じでした。ドイツ語はもちろん、英語もまったくわからない。名前はレスカル。たった一人でドイツにたどり着いてまだ間もないとのことでした。ともかく私は彼を家に連れて帰りました。

二週間後、「彼のためのキャンプが見つかった」と電話があったのですが、私たちは即座に「ノー」と言いました。一八歳の男の子が、たった一人で見知らぬ人たちばかりのキャンプに行くなんて。しかも彼はすでにうつ病の症状が出ていましたし、そんなことをさせるわけにはいかない。こうして彼は私たちのところに住むようになったのです。

ドイツの現行の制度では、難民は入国後、最初の六カ月は難民申請をした行政区内のあてがわれた場所に住むことを義務付けられているが、何か例外的な問題がある場合は義務は免除になる。住民同士の間で宗教的な問題が起きた場合、同性愛者、身体的精神的な疾患にかかっていて共同生活の場で困難が生じた場合などがこれに当たるという。レスカルは入国後、間もない時期だったが、自分が同性愛者であることを当局に告げることで、彼にとって居心地のよく

-----ない最初のキャンプを出ることができたし、こうして一般家庭に住むことも可能になったケースだった。

レスカルはシリアの山間部の小さな村に住んでいたそうです。クルド系シリア人です。ドイツ語はおろか、英語もまったくわからない状態でしたから、最初はやはりコミュニケーションがなかなか大変で。ドイツ語とアラビア語のグーグル翻訳を使いながら、身振り手振りでね、どうにかこうにか。

実はレスカルが来て間もなく、彼とは別にもう一人、イラクの人でしたが、二週間ほどうちに泊まったことがあったんですよ。やっぱりカリタスから電話で、キャンプからアパートに移るところなのだが、手続きの不具合で寝泊まりする場所がない人がいるというので、どうぞどうぞ、と。彼は四〇代半ばの英語の先生で、やはりゲイでしたね。とにかく英語がとても上手なので、コミュニケーションはまったく問題ない。まあ、なんて楽なんでしょう！　レスカルと比べて、そう思いましたよ。

レスカルは、最初は家族と一緒にトルコに逃げたんです。でも、トルコでは難民は就労できないし、子どもは学校に行けない。これでは将来がない、というんで、親はレスカルだけでもドイツに行け、と言ったそうです。なんとかドイツにたどり着き、自分がまず認定を受け、それから家族を呼び寄せよう。それがレスカルの目標であり、希望でもあったんです。

ところが実はここ数週間、トルコにいる家族とはコンタクトがないんです。というのも、ある時、レスカルは親に自分がゲイであることを告げた。ここでは当局に「ゲイである」ことをカミングアウトしているわけでしょう。シリア人難民コミュニティの間ではさまざまなソーシャルメディアや口コミのネットワークがありますからね、そういうことがすぐに噂になりますよね。周りから知らされるよりは自分が言った方がいいだろうということで、親に告げたんです。

すると数日後、お母さんがショックで脳梗塞《こうそく》になったって妹から知らされたのです。その知らせに彼も大変なショックを受け、自分を責め、自殺まで考えた。幸いにして脳梗塞というのは少々大げさな言い回しだっただけで、お母さんは大丈夫らしいですけど。私は彼に言ったんです、「それにね、脳梗塞っていうのは、そういう心理的なショックで起きるもんじゃないのよ、あなたのせいであるわけない」って。

こういうことに関してはとても閉鎖的な環境に生まれ育ったんでしょうね。ゲイというのは男が結婚前に一時的にかかる病気のようなものだ、と彼は信じていたんです。結婚前は女性と交わることは禁止されているから、その代わりに、と。だから自分もいずれは「ゲイから卒業」して、家族を持つんだ、と思っていたらしい。ホモセクシャリティをそのまま生きるなん

レスカルの写真を見せてくれたマルティナ。

てことが可能だなんて、思いもよらなかったんですね。

　勇気を出して両親に打ち明けたけれど、両親は彼の言葉を信じない。彼がそんなふうになったのは「ドイツの悪影響だ」、「周りの人間」、つまり「私」の悪影響だ、というようなことを言って彼を散々責めたらしい。それで彼は耐えきれなくなって、自分から家族とのコンタクトを断ち切ってしまったのです。

驚きと発見の連続を一緒に生きて

　この性的指向の件もそうですが、ほかにも驚くことがたくさんありました。たとえば彼の教育程度の低さ。

トルコで学校には行かれなかったというから、その前はどんな学校だったのって聞いたら、村の学校に九年生まで行ったという。ドイツでは政教分離ですから、宗教が教育の分野に入ってくるということはない。けれど彼が生まれ育ったところでは、どうもそうではない。理科、科学は学校でほとんど習ったことがないようで、それはコーランの教理と矛盾する箇所が多いかららしいんですね。そうか、政教一致とはこういうことなのか、と私は驚きました。孫の一人が今、九年生ですからそれとの比較になりますけど、全体の学力はドイツでいう四年生程度でしょうか、算数とか読み書きとかですけどね。

そんなですから、彼はそれまで本というものを一度も読んだことがなかった。ある日、「じゃあ、これはどう?」って、「ハリー・ポッター」のアラビア語版を買ってきて渡したんですよ。そしたらね、すごく楽しそうに、それこそ貪《むさぼ》るように読むんですよ。ハリー・ポッターなんて聞いたこともなかったんですって。

びっくりしたといえば、最初の頃、部屋にベッドがあるのにそこで寝ない。床で寝るんですよ。「どうしてベッドで寝ないの?」と聞くと、故郷の家では六人兄弟で同じ部屋に寝ていて、ベッドなんて見たことなかった。だから使い方がわからなかったって。テーブルもないから、ご飯は床で食べてたよって言うんです。

ある時、彼が尋ねたんです。「豚肉を食べると病気になるというのは本当？」と。「豚は死んだ動物を食べるから、その豚の肉を食べたら病気になる」って教わってきたんですって。「うーん、私はずっと豚のソーセージ食べてきたけど、今のところ大丈夫みたい」と答えたんですけど。

彼は今、いろいろなことに驚いて、たくさん質問して、自分でもたくさん考えている。

「僕はゲイで、僕の宗教はそれを許さない。どうしたらいいんだ？」

「イスラム教はアルコール飲むなって教えてて、まあすごく酔っ払うのはあんまりよくないだろうからそれはいいんだけど、でもたまにカクテル飲むくらいはそんなに悪いことにも思えないんだよ、僕。どう思う？」

彼の中で、これまでの価値観、教えられてきたことについて、いろいろ葛藤《かっとう》して自問しているのがよくわかるんです。でも私自身も、文化差というものがここまで大きいとは、実は想像していなかった。もともと、人間はみんな一緒と思って生きてきたんですもの。

正直言うと、私自身、五〇年以上も生きてきたのに、同性愛の人と親しく知り合った経験が実はなかったんです。職場の同僚なんかではもちろんそういう人はいますけど、パーソナルに仲良くなった経験がない。だからその意味でも、これは私にとってとても大きな学びの経験なんですよ。そう、レスカルと同じくらい、あるいはそれ以上に、私もたくさんのことを学びました。

ベルリンにはゲイの難民のための集まりがあり、そこで彼らは受け入れ家族を探したり、友人を探したり、悩みを相談し合ったり、あるいはフランスからイマム（イスラム宗教指導者）を招いて話を聞いたりというような活動をしている。レスカルとの暮らしを通じ、マルティナ自身が積極的に情報を収集し、こうした集まりに自ら顔を出してみるようになったという。フルタイムの仕事に加え、レスカルのために費やす時間も多く、「本当に忙しいですよ」と笑う。

ドイツ語ですか？　ずいぶんわかるようになりましたよ。学校にもずっと通っています。今は、州が彼の学費を出してくれていますが、最初はまだ手続きが間に合わなくて、私たちが出していました。私も夫も日中、仕事で家にいないでしょう。その間、若い男の子が家で一人で何もせずにいるというのはよくないと思って、一刻も早くスタートするように勧めたんです。二カ月後からは職業訓練の学校にも行くことになっています。

そういうことに関しても、制度がどういうふうになっていて、彼のような状況の若者がどんな教育を受けられるのかわからなくて、私も随分調べたり人に尋ねたりしました。ドイツでは大学は別として、一九歳といったら義務教育は終わっているので、普通は働いています。でも難民には特別支援で学校教育が提供されているということもここ数カ月で知ったことでした。

セラピーは私自身のためでもあった

彼との暮らし、彼のサポートを通じて、他にも初めて知ったこと、学んだことがたくさんありました。たとえばね、ゲイの難民たちで売春の方に行ってしまう人が数多くいるということ。彼らはゲイクラブのようなところでお客を取る。ドイツ人の客が若いゲイの難民を買うという状況が実際に起きているんです。男性だけでなく、女性でも、買う人はいますよ。あと女性の難民も、エリトリアからの女性難民が売春をしたりする。しかも未成年の子どもたちもですよ。ドラッグへの依存や、その売買に関わるということもあります。

若いレスカルが、そういう方向へ行ってしまわないという確証はありません。社会からドロップしていく出口はいっぱいあるんです。なんとかして混乱した心、トラウマだらけの心をゆっくりと安定させていかないと。

そんなこともあって、今、彼はセラピーに通っています。アラビア語がわかるセラピストを探しました。ちゃんと自分で出かけていきます。

セラピーはもちろん彼のため、というのが第一ですが、実は私や夫のためでもあった。彼の重い荷物が全部私たちの肩にかかってしまったら、こちらも参ってしまう。荷物を誰か別の人と手分けして支える必要があったのです。たとえば彼は悪夢を見るんです。毎晩のように、怖がる彼の横に座って、彼の手を握って何時間も一緒にいてやる。ブルブル震えているから、それを抱きかかえるようにして落ち着かせてやる、そういうことを毎晩。私自身、心身共にすっかり疲労してしまいましたもの。

本当に見違えるように落ち着いて、悪夢もおさまりました。セラピーも今は家族、つまり私たちも巻き込むステージに入っています。周りとの関係性の中で自分を築いていく段階ですね。朝は私の方が早く家を出るので、彼はちゃんと自分で起きて学校に出かけて行きますよ。サッカーチームと卓球のサークルにも入れました。外の世界を少しずつ知って、友だちも出来るといいなと思って。

いずれは自分でアパートを探して独立するべきでしょうが、まだしばらくは、私たちと暮らしたほうがいいと思います。今、彼はまだ仕事をしていないので、収入といえば政府からの支給金だけです。そんな状態ではアパートを貸してくれる人も見つからないでしょうから。

将来の仕事は、私がやっているような仕事がいいって言うんですよ、おかしいでしょ。役所やオフィスで働きたいんですって。お父さんは工事現場で働く人だったらしく、彼もかつてはそういう方面を考えていたみたいですけどね、なんだか細っこくて華奢《きゃしゃ》で、そんな力仕事に向きそうには見えないんですよ。音楽とか言語とか、手先が器用とか、そうした何か特殊な才能があるといいんでしょうけど、まだそういうものが見えてこない。もしかしたら少し向きを変えて他の方向を見せてやるといいのかもしれませんね。ちょうど窓際に置いた植物がお日様の方向に向かって伸びていくのを、向きを変えるとまた別の方向に伸びていくみたいにね。

レスカルのことをまるで家族のように、自分の息子のように話すマルティナ。実際に、自分の子どもたちが思春期だった頃をよく思い出すという。

「ごく短期間の受け入れであれば、期間限定で終わりがみえるけれど、ある程度以上の時間を一緒に暮らすというのは、自分の子どもたちの時と同じなのです。喧嘩や衝突があるのは当然」

喧嘩なんてしたら追い出されるんじゃないか、と恐れていたレスカルに、だからマルティナは言った。「考えが違うことがあれば、それを一つ一つ解決していこうと一緒に努力するだけのこと。あなたを追い出したりなんか決してしないから」と。

親や教師とぶつかった時に「話し合って一緒に解決していく」ような世界を見たことも聞いたこともなかったレスカルは、びっくりしてきょとんとしていたらしい。

自分自身も子どもを持つ母親であったことは、「確実に一助にはなっている」。だがそれでも「一人では背負いきれないこと」もあり、そういう場合にはセラピーなど、外部の助けを借り

――ることが大きな支えになったと言う。

人それぞれの「プロジェクト」

物心ついた頃から、ずっと考え続けてきたことがあるんです。第二次世界大戦について、一体、どうしてあんなことが起きてしまったのか。私やあなたと何ら変わりのないごく普通の人間が、ある日を境に、隣に住んでいたユダヤ人を、仕事仲間のユダヤ人を、近所の店のユダヤ人を、人間として見なくなった。どうしたらそんなことが可能なのか。もしかしたら自分にも、そのようになってしまう可能性があるのか。それが私の生涯にわたるビッグクエスチョンだったんです。今、難民問題で大変なことになっていますが、難民排斥の方向に向かう心理には、やはりどこかこのビッグクエスチョンと地続きなものがある、そう思わずにはいられないんですよ。

幸いにして、私がレスカルをうちに迎え入れることにしたとき、夫も子どもたちもすぐに賛成してくれました。

彼との暮らしは、一種のプロジェクトのようなもの。お互いに好きだし、いろんなことを一緒にやりました。家族とのコンタクトも自分から切ってしまった今となっては、私や夫が彼にとってもっとも近い人間となってしまった。というか、私たち以外に、彼には誰もいない。

なんと言ったらいいかしら。私の年齢で、子育ても終わり、定年も近づいてくる。じゃあどうやって日々暮らすのか、ということを思うわけですよ。仕事に行って家に帰ってテレビでもみて、ときどき孫にでも会って？　子どもが巣立ったあと、自分の時間、自分の仕事というものがあるとはいえ、何かが欠けているという感じが常にあった。もちろん旅行したり趣味に費やしたりもできるし、そうしてる人もたくさんいるけれど、それって私にとっては、どこか単なる「暇つぶし」の域を出ない。それよりはあとで振り返ったときに、ああ、あんなことを自分はしたのだ、と思えるようなことをしたかった。そこから何か学んだり、何かよいことがもたらされるようなこと、そんなプロジェクトをどこかで求めていたのかもしれませんね。

でもこのプロジェクトのこと、友人たちにはあまり話しませんね。プライベートなことがらなので。誰も反対はしないだろうけど、皆が皆、難民を家に迎え入れるかといえば、もちろんそんなことはない。人それぞれの価値観や抱えているテーマがあります。動物シェルターのことを一生懸命やってる人もいるし、環境問題に熱心な人もいる。優先順位もあるでしょう。家に自分の小さな子どもがまだいれば、やはりそちらを優先するでしょう。それでいいと思います。

「ただの数字」は人の心に届きにくい

私自身は役所で仕事をして国会議員に市民の陳情の件で掛け合ったりというようなことをしてきた人間ですから、当然、政治に無関心ではいられませんよね。政治的立場については、ただ、今、ちょっと微妙なのです。なぜなら、政党の見解も刻々と変化していますので。緑の党は難民に関し、当初、とても人道的な党でした。我々は人道上から彼らを受け入れるべきだという立場を明確に表明していました。でも極右勢力がすごい勢いで台頭してきた流れを受け、難民を受け入れることは彼らを利することになる、というふうに態度を変えました。

極右勢力がしていることは、難民問題とからめて人々の中の恐怖を煽《あお》ろうということ。難民たちは君たちから奪う、もっと奪おうとしている、というようなことを言って。難民の大きな波というようなイメージをかきたてて。大晦日《おおみそか》にケルンで起きたこと[20]、ああいうことをものすごく過大に騒ぎ立てる。彼らは犯罪者だ、すぐに追い出せ、とか。

でもね、今、私の周りで難民たちよりもお金のない人なんて一人もいません。第二次大戦後、ドイツは東欧から追放されたドイツ系の人たちをたくさん受け入れなければいけなかった。自

20　四一ページ、脚注16参照。

宅へ迎えることも義務付けられていた。逃げてくる人たちを受け入れることは義務付けられていたのです。旧西ドイツが戦後、経済的にサバイバルするために、国民はさまざまな貢献を義務付けられた。それに反して今、難民のためにという名目でお金をとられるわけでもなければ、アパートの提供を義務付けられるわけでもない。なのに、何を今、恐れているのか私にはわからない。当局がやってきて、お前のアパートは大きすぎるから難民に提供せよと言われるわけではないし、そんなことは絶対起きないのですから。

にもかかわらず、難民問題に実感を抱けない人、難民に反感を抱く人、いろいろですね。そうですね、この件もそうだけれど、対象との距離感を縮めて、近い感覚を呼び起こす、人々の中に感情の芽を生やすことが大切なのではないかと思います。

私の仕事で、アルバニアの難民家族のケースがありました。息子の一人が重い心臓病を患っているんですが、故郷では十分な治療が受けられないんですね。それで議会に私は写真をもっていきました。少年の写真。彼のクラスメートたちも写真を送ってくれました。事例を一つ一つ具体的なものにしていくこと。難民がただの数のままだと、やはり人の心には届きにくい。「顔の見える身近な存在」に持っていかないと、難しいんです。

自分の子どもに置き換えてみればわかることです。自分の子どもがなんらかの理由でどこかへ逃げていかなければならないことになったとしたら（そんなことがないって言い切れます?）、彼、彼女が、安全なところで、親切にサポートしてくれるような人と一緒にいてほしい、と当然願います。自分が自分の子どもにそれを願うのなら、ほかの親の子どもに自分がしてやれることをするのは当然だと思うんです。それだけのこと。

レスカルをみていて思ったのは、おそらく八割くらいの難民は、彼と同じくらいの教育程度でドイツにきている。そうすると、統合にはものすごく時間がかかるわけですよ。とはいえ、まだ難民は受け入れるべきだと思います。ベルリンには七万人の難民がいます。ベルリンの人口は三五〇万人。もし各家庭がたった一人の難民を受け入れれば、なんの問題もないはずでしょう（笑）。

我々もアパートでも買って、難民の人たちに貸してあげようかなんて話していますがね、まだわかりません。

アウグストとペーター

アウグスト「僕がしていること？　誰にでもできることばかりです」

土木関連のマイスター職を半年前に引退した六〇代男性。穏やかで物静かで、見るからに優しそうな人。同席していた難民家族とも数カ月来の知り合いで、彼らの住まいを斡旋したのもアウグストだった。子どもを腕に抱っこしてあやしながら取材に応じてくれた。

数年前から、この小さな町にもすでに六〇人くらいですかね、ソマリアやエリトリア、シリアなどからの難民が暮らしていましたが、昨年（二〇一五年）、いちどきに大量の難民がやってきた。前代未聞の数でした。それで昔、ディスコだったところを急遽、ハイムにしたりして、一番多い時で一五〇人くらいがそこに住んでいたのかな。一人で来た人、家族で来た人、未成年、子連れの母親、と、いろいろな人たちがいて、全部いっしょくたというわけにはいきません。でないとね、いろいろな問題が起きますからね。

だから、それぞれの人たちに、なるべく合う環境を提供しなくてはいけないんだけれど、ドイツのどこでもそうでしょうが、行政だけではなかなか追いつきません。その不足部分を市民が補うんです。僕は昔から所属しているカトリック教会の中で仲間と一緒にボランティア組織を立ち上げて、まあできることを、なんとかね。

僕たちがやっているのは、主に行政的なこと、法的なことでのお手伝い。あとは子どもたちのために学校を探したり、医者に行くのに同伴したり、買い物を手伝ったりね。日常的なことでハイムの方からいろんな連絡が来るんです。食器が足りない、という連絡が来れば、それを集めに奔走するとか、誰にでもできることばかりですよ。

そうですね、一週間のうち、五日くらいは何らかの形で手伝っていますね。週末でもお呼びがかかれば出かけていきます。難民の子どもが病気になって救急病院に連れて行くようなことだって起きますから。退職して時間がたっぷりありますからね、いつでもスタンバイですよ。

でも彼らも僕たちを手伝ってくれますよ。教会で、何か工事したり、というような時に進んで手を貸してくれる。つい数日前も、ある人が、「アウグスト、もし何か手伝えることあったら言ってくれ。僕はここにいるからね」と、胸をこう、ポンと叩いて言うんですよ。この週末

年金生活者のアウグスト。

もそんな二人の青年と一緒に教会の力仕事をしましたよ。

　そういう交流が、僕にはシンプルな喜びです。それにね、彼らが食事に呼んでくれたりというようなこともあってね。みんなでバーベキューしたり、楽しいですよ。楽しくなくちゃ、続けられるもんじゃない。

キリスト教だろうが無神論者だろうが同じこと

　ドイツ赤十字に関わっていたこともありました。一四年くらい続けたのかな。救急車や消防車を手配するテレホンセンターでボランティアをしたこともあります。人の役に立てるということを、ほとんど必要としている（笑）。性格が、ヘルファーシンドローム[21]なんですよ。

　僕はたまたま今、教会というチャンネルを通してお手伝いさせてもらってるわけですが、共感という感情があれば、新聞やテレビでこの突然の緊急事態を目にし、手助けを必要としている人がこんなにいるということを知ったら、キリスト教だろうが、無神論者だろうが、もう関係ないと思うんです。これは非常にシンプルな人間の反応なんじゃないかと。緊急事態が起きた、それに反応した、我々の手助けが必要とされた、ということだけのことなんじゃないかと。そう、とっさの反応。疑問の余地はないわけですよ。

目の前に困っている人がいて、人手が足りていないことを知る。で、その時に、何もしないか、少しするか、ちゃんとするか、それは個人の選択なわけですけれど。

あ、それからこれはついでですけど、僕たちの間では、互いに最初から"du"（親しい間柄に使われるドイツ語の二人称代名詞）ですよ。上下関係とか、年齢差とか、儀礼的なこととかすっ飛ばしてね、いきなり対等な人間関係に入る。その方がずっと楽に打ち解けられるんですよ。

21　この取材期間中、何度も耳にした「ヘルファーシンドローム」というドイツ語は、直訳すれば「手伝いたい症候群」。一九七七年、精神分析家ヴォルフガング・シュミットバウアーによってつくられた心理学用語で、人助けすることが自らの存在に不可欠になるほどの病的な依存症にもなりうるとされた。一般には、「人助けが生きがい」という程度の軽い意味で用いられる。

ペーター「難民の社会的統合の試みは、僕らの側も同じくらい同化することで初めて成功すると思う」

三〇年間勤めた裁判官の職を二年前に退官。六〇代。大好きだった旅を晴れて再開したのもつかの間、エジプト滞在中に肩の骨折を負う。「これでしばらく旅行もお預けか」とガックリきていたところに、ドイツを前代未聞の難民危機が襲った。個人的に深い愛着を抱くアラブの国々の無残な情景に心が痛み、難民支援のボランティアを始める。アウグストとも支援活動を通じて意気投合。

僕もしていることはアウグストと同じようなことです。特に法的な文書、これはドイツ人でも全く読解不可能な代物ですけど（笑）、そういうものを普通の言語に置き換えて説明したり、役所の手続きに必要な法的なレターなどを書いてあげたり。

ドイツは難民支援に積極的と言われているけれど、逆に、かなりのパーセンテージの人が難民に反対しているという事実もありますね。ＡｆＤ党[22]の支持の伸びを見ればそれは明らかです。綺麗事だけじゃないんです。昨日もネットで読んだけど、ドイツ人三人が若い難民一人に道端で暴力を振るったという事件。難民の人が中にいる建物に爆発物を投げ込んだとかいう話も聞いた。ドイツ人がよくてほかが悪いなんてこと、そんな一般論は、全く言えない。結局は一人一人の個人なんじゃないかな。

ただ、そうした「反難民の空気」にもかかわらず、驚いたことに、相変わらず多くのドイツ人が引き続き難民を受け入れることに賛成だという統計も目にしました。

旗を持って駅に難民を出迎えに行くというような、善意あふれる、けれど表面的な行動、それもひとつ。そして、その後、週に一日でも二日でも、具体的に何かをする、それも継続的に、というのはまた別のこと。ただ、彼らの多くは、けれど何かを始めてみる、それを少し続けてみる、そういう中で変わっていったと思う。最初の熱狂は素晴らしい、でもそれで全てじゃないってことを少しずつ理解していくプロセスを、一人一人の個人が自分の仕方で経ていくっていうのかな。

最初の大騒ぎの時、君は何をしてるかと聞かれて、僕がやってる手伝いのことを話すと、みんなそれは素晴らしいと言った。その後、政治的な展開もいろいろあって、今、状況は混乱し

22　ＡｆＤ（Alternativ für Deutschland＝ドイツのための選択肢）は二〇一三年結成の極右政党。ユーロ危機の時にギリシャ支援に反対することを掲げて出てきた反ＥＵ政党だが、現在は反難民を最大イシューとして勢力を拡大している。

元裁判官のペーター。

ているけれど、相変わらず、僕の周りにはネガティブな空気はないですね。そのこと自体は、僕にとっても嬉しいことです。

大戦後、ドイツは完膚なきまでに破壊されて、他国の支援がなかったらとても立ち上がることはできなかった。今の繁栄や平和は決して、天から降って湧いたものではなく、我々が他者の助けを借りながら、自分の努力でそれを「獲得していかなければいけない、そのために努力し続けなければいけなかったんだ」という感覚、まあ、少なくともある程度の年齢以上のドイツ人には共通にあると思います。それが今回の難民支援の必ずしも直接な動機ではないにしても。

ずっと大好きだった国、シリア

個人的なことになるけれど、僕はどうも若い頃から外の世界にひどく興味があってね。たくさん旅をしましたね。大学を卒業してから、一年くらい、車でトルコ、イラン、アフガニスタン、パキスタン、インド、ネパールなどを旅して回った。SUV（スポーツ・ユーティリティ・ビークル）という言葉はまだなかったけど、そういう車で、一台に友人たちと五人で乗り込んで。で、ネパールで車を置いて、そこからビルマ、タイ、ラオス、シンガポール、ボルネオまではヒッチハイクやバスや徒歩でね。ボルネオから、法科大学院に締め切りギリギリセーフで入学申し込みをしたりしましたよ。

裁判官になってからも、エジプトやシリアをはじめ、アラブの国々には随分旅をしたし、しばらく住んでみたこともあります。そんな経験も、思いのほか役立ちますね。大げさだけれど、文化的な架け橋の役割っていうのかな。難民の多くがアラブ圏から来ていて、そういう文化圏の言語や文化、習慣に多少なりとも通じている相手に対する信頼の感情というものがありますからね。それがとっかかりになって、同化の道がほんの少し、簡単になる。それはとても重要なことだと思う。

この間、シリアからの難民と話していて、ラッカの話になった。ああ、そこ、僕も行ったことある、と自然にそういうふうな話になりますよね。アレッポやホムスもよく知っている。破壊される前のアレッポを知っている人間と話すことで、彼らもやはり嬉しい。そこから小さな最初の信頼が生まれる。

あるドイツの政治家が、「彼らは握手もしないのだから、同化なんてできないのだ」と言ったことがありました。この握手というのが、我々の文化では非常に大切だけれど、アラブ文化では彼らのルールがある。そういう違いをまず、こちらも知らないといけない。同化統合は一方通行じゃなくて、双方向で行わないといけないと思うんです。

シリアはずっと大好きな国でした。最後にシリアに行ったのは二〇一〇年。今はＩＳＩＳに抑えられているラッカにも行きました。アレッポにも。だから今の惨状を見て、ものすごく悲しい。全く他人事じゃなくて、自分の心がえぐられるような悲しみが僕にはあります。

ドイツには長い移民の歴史がある。その中では文化的な融合ということもたくさん起きた。昔、ドイツにピザなんてなかったですよ。イタリア移民たちがこの国にピザをもたらした。今、ドイツの子どもたちに代表的なドイツ料理はと聞いたらピザとケバブ（トルコ料理）という回答がすごく多かったなんていう統計もあります。彼らにはもうそれは自分たちの文化の一部になっていて、ギャップはないんですよ。

僕が勉強でフランクフルトに行った時、初めてピザとかベトナム料理とかに触れた。一九六八年のことでした。それまでそんな食べ物は知らなかったですから。小さな村に生まれ育ったから何も知らなかった。世の中には美味しいもんがあるんだなあ、と感激しましたよ。

でも彼らが同化したように、僕らもまた同化しなくちゃいけない。お互い様なんですよ。ドイツ社会そのものが大きく変わったし、今も、日々、変わり続けている。難民の社会的統合の試みは、僕らの側も同じくらい同化することで初めて成功すると思う。これからまたしばらく時間はかかるでしょう。でも僕は楽観主義ですよ。

そう、とにかくね、時間がかかりますよ。一〇〇人の難民だったら話は違うけど、これだけの数ですから。すごい衝撃なわけですからね。

でもこんな話もある。旧東ドイツの方で、もともと難民反対、外国人排斥ムードの濃厚な村があった。そこに初めて難民がやってきた。それまで難民など見たことない人が、恐る恐る近づいた。そして少しずつ気づいた、彼らが自分たちと同じ人間であるということを。

一人一人の人間対人間の具体的コンタクトが全体を助ける、ということをね、僕は希望していますよ。

カティア

「見知らぬ国から来た見知らぬ人を家に住まわせるなんて、怖くないのか、とよく訊《き》かれたけれど、私にはそれは全くなかった。むしろ逆に最もシンプルなサポートの方法というふうに思われました」

ベルリン市内の住宅地のアパートに、ニュー・カレドニア出身のボーイフレンドと暮らす。四〇代女性。雑誌『ナショナル・ジオグラフィック』のジャーナリスト。ハンブルクにある編集部とベルリンの自宅を行ったり来たり、そして取材で世界各地を飛び回る生活。一緒に暮らすボーイフレンドはフリーランスの工業デザイナー。

二〇一五年の暮れから六カ月間、シリア出身の青年、タレクに部屋を提供。現在は別のところでフラットシェアをしているタレクも、インタビュー当日、ドイツ語の学校が終わるや否や、駆けつけてくれた。色とりどりの植木鉢が並ぶ居心地の良いテラスでまずはみんなで乾杯。ワインと一緒に、干したデーツ、ナッツ類など、賑やかな小皿の並んだテーブルで、ごく普通の友人同士のような打ち解けたアペリティフの雰囲気の中で話を聞いた。

去年の夏、彼と一緒にフランスで休暇を過ごしていたんです。綺麗な風景の中で毎日美味しいものを食べて、親しい友だちと過ごし、とてもくつろいで楽しく過ごしていました。休暇中だからニュースなんかもあんまり見ない。とはいえ、もちろんメルケル首相が難民を受け入れる決意を表明したことは耳にしましたよ。ああ、やっと、と嬉しかったですね。そして私たちも何かできることがあったら、とその時は漠然とですけど、自然とそういう気持ちになりました。

九月になってからベルリンに戻ってきたんですが、それはもう、ショックなんてもんじゃなかった。愕然《がくぜん》としました。とんでもないカオス。道に寝ている人たち。路上で介護を受けている人たち。あふれかえるゴミやペットボトル。これは大変な問題だ、ととっさに理解し、すぐに何かをしなければ、と思ったのです。

まずはフェイスブックを通じて、この問題に関わろうとしました。というのもフェイスブック上でさまざまなサポートグループがすでに立ち上がっていましたから。そのうちの一つ、Place 4Refugees というグループでは、緊急の場合に、「この人を二晩、泊めてくれる人はいないか」「この人をどこそこまで迎えに来てもらえないか」といった投稿が出るんです。九月の半ばくらいのことでしたね。

そうか、寝泊まりする場所を提供するという仕方で役に立つことができるんだ。そう私たちも気づいて、早速、部屋を一つ空けてスタンバイ状態にしたんです。でも、当然ながらそうして待っているだけでは何も起こらない。友人ともそんな話になって、「うん、うちも部屋空けたよ」「来てもらうなら、でも女性がいいかな」なんてことをあの頃、互いに言い合っていました。

ところが蓋《ふた》を開けてみたら女性一人というようなケースは滅多にないんですね。難民の大半は男性一人。シングルの若い男性がまずとても多い。家族持ちの場合は、家族を最初から同伴してくる人もいますが、多くはまず、自分が一人で来て、申請が通ってから家族を呼び寄せる。そんな事情が私にもだんだんわかるようになって、そうか、じゃあ、男性でもいいかな、と、こういうふうに少しずつ、自分の頭の中でね、机上の空論が現実になっていきましたね。

そんな折、ある友人から「一八歳のシリア人男性が住まいを探している」と聞いたんです。一八歳だったら、子どものいるようなちゃんとした家族のところとか、若者同士のフラットシェアのようなところのほうがいいんじゃないか、私たちみたいな共働きカップルのところなんて退屈しないかな、とまずは思いました。そしたら友人が、全然大丈夫だよ、すごくいい子だし、心配ないよ、というので、じゃあ、オッケーということで話が決まった。

「その友だちはアンヌっていうんだけれど」と、タレクが会話に加わる。「アンヌの隣に住んでる女性がたまたま僕のシリアの従兄弟《いとこ》の友人でね、その従兄弟が『ベルリンに知ってる人がいるけど』と言ってその人のことをまず紹介してくれた。僕がベルリンに来てからちょうど一カ月くらいの時のこと。で、この女性が僕に電話をくれて、数回、会ったんだ。ある時、彼女が『私の近所の人で、難民のサポートしてる人がいるよ』とアンヌを紹介してくれた。そのアンヌがカティアを知っていて、そして部屋が一つ空いてるそうだよ、と教えてくれたんだ」

かなり流暢《りゅうちょう》なドイツ語で、カティアにつながるまでの人間関係を説明してくれるタレク。彼自身はシリアのダマスカスの近くのスエダという小さな町から、船、電車、バスを乗り継いで、大変な道のりをたった一人でドイツにやってきたという。両親はシリアにとどまっている。

「わかるでしょう、年老いた人たちというのは、故郷を離れたくないんです。ここは俺たちの家、俺たちの町、今さら見知らぬところになんて行きたくないっていう感覚なんです。でも息子は行ったらいい、元気でやってくれたらそれでいい、ここにはチャンスはない、行け、行くべきだってね」

ちょうど大学入学資格試験に合格したばかりだったが、こうしてタレクは両親に別れを告げ、

――一人で国を出たのだった。一人きりの兄もやはり国を逃れ、現在はレバノンにいるという。

実はそのちょうど一週間前にも同じように急に泊まるところがなくなってしまった家族がいて、彼らに三日間だけでしたけど、泊まってもらっていました。やはりフェイスブックのサポートグループ経由で彼らのことを知ったんです。赤ちゃんから一五歳まで四人の子どもとお父さん、そして奥さんは妊婦さんで。とてもいい人たちでした。私たちの小さなフラットに六人家族がやってきたわけですからね、賑やかでしたね。

その一家が新しい難民ハイムに無事移ってから、確か三日後だったかな、タレクがやってきたのは。

「どれだけ緊張したか、猫と二人で留守番だなんて」

最初は二週間くらいということで話を聞いていたんです。なんでも彼は前に住んでいたところから移動しなくてはいけなくて、でもその手続きに時間がかかって道に寝なければ、という状況になってしまったからという話でした。

――「二週間て聞いてなかったらオッケーしなかったよね」とタレクが混ぜ返し、「そうそう、そ

――の通り」とカティアが答え、みんなで大笑い。

いいえ、冗談抜きにね、最初はちょっと微妙だったんです。というのもタレクはもっと長くここにいたかったのですが、私たちの理解はそうじゃなかった。認識の違いがあったわけですよ。で、私たちも、わかった、わかった、じゃあ、クリスマスくらいまでかな、という感じになって、その後、クリスマスの後ももう少し、というようにどんどん延長していって、結局、半年近く、ここに住むことになったのです。

そのクリスマス休暇中、私たちは前からの予定通り出かけることにしたのですが、うちに来て二週間ちょっとの彼に、果たして留守番を頼んでいいものか、それも少し悩みました。まだドイツ語もほとんどできなかったし、何かあったら不安だろうし、と。でも幸い、うちには猫がいる。だから完全に一人ぼっちじゃないから大丈夫かな、と思って結局留守番を頼んだのですが、ここでまた一つの問題が勃発（笑）。

――――――――

「いやあ、あれには参ったよ、正直言って。なぜって、シリアでは家の中で動物を飼うなど、あり得ないこと。そうだな、一〇〇人中二人くらいは犬を飼ってるかもしれないけど、でも犬っていうのは外の犬小屋で飼うもので、家の中には入れないですよ。ましてや猫なんてどう接したらいいかわからないし、実は僕、猫が怖かったんです。それに鎖もつけてなくてどこかに逃げちゃったらどうするんだ、それは僕のせいになっちゃうんだろうか、と、すごく緊張しました」

タレクの生まれ育った土地では、そもそも人間の愛玩用としての「ペット」という概念自体、存在しないのだという。こんなささやかなことを始め、思いがけない「異文化体験」がいろいろあったが、タレクにとっても、またカティアたちにとっても、それは「とても面白いことだった」という。半年の滞在中、カティアはのべ二カ月以上は不在。ボーイフレンドも仕事がミュンヘンなので週末しか家には戻らない。いつしかタレクも「恐怖を克服して（笑）」猫の扱いにもすっかり慣れ、「余裕の留守番暮らしを満喫」できるようになったという。

異文化といえば、私たちは一緒に住んでいるけれど、結婚してないでしょう。そういうことがイスラム教徒の人には受け入れられるだろうかという心配も、実はありましたね。あとお酒のこともね。私たち、こんなふうにいつも飲んでるけど（笑）、それはまずいんじゃないか、彼にとっては居心地が悪いんじゃないかと。ところが、彼はシリアといっても実はイスラム教徒ではなく、ドゥルーズ教という宗教だった。後にタレク自身から聞いて知ったんです。そういう知識が自分にはなかったから、はて、そのドゥルーズとはなんぞや、と、すぐにウィキペ

ディアで調べましたよ。豚肉もアルコールもどうやら大丈夫そうだ、とわかってホッと一安心(笑)。

食べ物だって、私たち、家にいるときは彼と一緒に食事してましたけど、こんな西洋のごはんなんて口に合わないいんじゃないか、と。実際、タレクはパンしか食べない。野菜なんてまったく食べないんです。それにね、ここに来たばかりの頃、彼ときたら、自分でチップスとケバブばっかり食べてるんです。キャンプにいた時もずっとそうだったっていうんですよ。いくらなんでもそれじゃあ体に良くないいんじゃないかと心配になるじゃないですか。

カティアとボーイフレンド(右)、そしてシリアからのタレク。

あと、最初の頃、彼はいつもこのリビングのソファのところにいるんですね、携帯持って。彼の部屋は二階にあるんだけど、いつもここにいる。ソファから動かない。いやぁ、これはプライバシーってもんはないなあ、困ったなあと、正直思いました。でももちろん、彼に「自分の部屋に行ったら?」とは言えないでしょう。悶々《もんもん》としましたよ（笑）。

ところがね、そのうち、お互いのリズムとか生活習慣がだんだんわかるようになってきて、そうすると自然な形でそういう細かい問題も解決されていくんですよ。お互いに慣れてきて親しさも増してきたら、「ねえ、ちょっと今、静かな時間が欲しいから一人にしてくれない？」なんてことも言えるようになったし。

まあそんなこんなで、特に最初は多少、心配や不便なことはありましたけど、でもよく人に訊かれるようなこと、見知らぬ国から来た見知らぬ人を家に住まわせるなんて、怖くないのか、という点に関しては、私にはそれは全くなかった。むしろ逆に最もシンプルなサポートの方法というふうに思われました。

私はたまたまこのやり方を選んだけれど、みんなそれぞれの仕方でそれぞれのことをしていましたね。あちこち車で移動して手伝う人。難民がいるところに寝泊まりして手伝う人。書類上の手伝いをする人。とにかく、二〇一五年の夏以降、私の周りにはなんとかして力になりたい、と思う人はものすごく多かった。それは確かですね。

ここは男女平等の社会だということは、はっきりと示さなければ
ドイツ国内の空気が大きく転換したな、と感じたのは、二〇一五年の大晦日の、例のケルン

の事件です[23]。あのあと数日、なんの証拠もないけれど、これは難民の仕業だ、という雰囲気がすごい勢いで出てきたんですね。この国の「気分」が、あの一件ですごく影響を受けた。実際、何が起こったのかわからないままに。

事件のあと、タレクが心配そうに「何が起こったのか」と聞くのですが、私は何と答えていいかわからなかった。事件に続く数日間、アラビア語のネットワークでさまざまな情報が飛び交い、タレクをはじめとする難民たちは、事件のことを知って、ある種の集団的罪悪感を抱いたと思うんです。その時、タレクが言ったんです、僕、外でドイツ人の女性に気軽に話しかけたりできなくなったよ、と。なんだか私、気の毒で申し訳なくてね。彼のそういう萎縮《いしゅく》した気持ちが再び普通に戻るようになるのに一〜二カ月はかかったでしょうか。

この一件で、社会統合はどの程度、可能なものなのか、我々はどう振る舞い、これからどんなことが起こると想定したらいいのか、どんなことが妥協の余地がない、譲れない点なのかという疑問が一気に噴出した。それによって、男女平等という考え方についてははっきりとオープンにしなければいけないこともわかった。残念な出来事ではありましたけど、我々自身の問

23　取材中、何度もこの事件のことを耳にした。いかに人々の意識に強く刻みつけられた事件であったかということがよくわかった。四一ページの脚注16を参照。

題が可視化されたという点ではよかったと思いますね。

多くの人が手を差し伸べているからといって、ドイツが一丸となって難民援助しているわけではない、ということも言っておかなければ。ひとくちにドイツといっても、いろんなドイツがあります。難民受け入れに積極的なドイツもあれば、全く受け付けないドイツもある。その中間のドイツ、受け入れはいいとしてもそんなたくさんは困る、というスタンスのドイツもある。

これは自分も含めてのことですが、当初の興奮は、やはりさすがに多少冷めたというふうにも感じています。私自身は、今は特に何もしていない。フェイスブックのサポートページで助言やアイデアを書き込んだり、質問に答えたりというくらいで、難民キャンプで手伝うわけでもなければ、ドイツ語を教えるわけでもない。タレクが家に住んでいたこと以外はたいしたこととしてない、それは事実です。継続的に具体的にずっとサポートを続けている人は、けれど周りにたくさんいて、本当に素晴らしいと思う。でも自分はそこまでできていない、という反省はあります。
- - - - -
「外ではそうなのかもしれないけれど、僕に関しては、いつもいろんなアドバイスをしてくれたり、助けてくれたりしているよ」とすかさず、タレクが反論。「何か僕に役立ちそうなことがあると、この学校はどうかな、この大学はどう、と声をかけて情報を教えてくれる。とてもたくさんのことをしてくれる。僕の洋服のことなんかも気にかけてくれるよ」

カティアのところを出て、今、タレクはドイツ人たちとフラットシェアをして暮らしている。ドイツ語がもっと上手になったら大学に進学して国際法を勉強したい、という。

「アラビア語とドイツ語と英語が出来る法律家になって、多国籍企業か国際機関で働きたい」と将来の抱負を語るタレクは、初対面の私から見ても、とても聡明で社交性にも優れていることがわかる。そして、同化のカギの一つと思われる進取の精神を備えているように見受けられた。

いうまでもなく、難民の皆が皆、タレクのようなわけにはもちろんいかない。そして難民との共同生活も、カティアたちのケースのようにいつもうまくいくとは限らない。

そうそう、思い出した。最初の頃、私たちが手助けしようとしても、なにしろ彼は独立心が強いので、そうさせてくれないんですね。当時、難民の事務手続きを担う役所は、それはもう大変なカオスだったんです。まあ今もそうなんでしょうけどね。ともかく手続きなどで役所に行かなくてはいけない時、じゃあ私が一緒について行ってあげようと提案する。だって、私だったら、こんなブロンドのドイツ人ルックスだし、警備の人とも対等に話せるし、どう考えて

も話が早いじゃないですか。でもいらない、一人で行くから、一人で行くべきだって言い張るんですよ。

　で、私は言ったんです、あなたはここに住んでるんだから、私は書類上のことがどうなってるのか知っておきたい、知っておく義務と権利があるんだ、と。それは実はどうでもよかったけど、でもそこまで言わないと、彼は「じゃあお願いします」とは言わないんですから。

　彼はとてもやる気があるし、勇気もあります。人に気安く話しかけることができるし、ドイツ語を覚えたい、上手になりたいという意欲もとても強い。そして絶対大学に行きたいという気持ちもある。けれど難民の中には、何をしたいかわからない人、あまりやる気がない人、臆病な人だってたくさんいます。自分で道を切り開くというより、ハイムにこもったまま、消極的にただ待っているような人もたくさんいるんです。

　そうした性格や素質の違いもさることながら、やはり彼らが生きてきた経験、その悲惨さの度合いやそれによるトラウマの強弱も、その後の同化には影響を及ぼすでしょうね。

　知人に、二五歳くらいのシリア人を迎えた女性がいます。彼はアレッポから来たんですね。そこで牢屋にぶち込まれ、拷問され、戦争の中にどっぷり浸かって生きてきた。タレクとは全く違うものを肩に背負っているわけです。アレッポとかダマスカスから来ている人というのは、家も家族も仕事も何もかも失ってきているような場合がとても多い。事情が全然違うんです。

相当なトラウマも抱えているでしょう。そういう人と日々、一緒に暮らすというのは、その人の抱えてきたものを一緒に背負うような部分もあるので、これまた別の話、もっと難しいものであるということを、彼女の話を聞いてよく理解しましたね。戦争というものが、タレクの故郷、スエダの町では、まだそこまで二四時間の日常じゃない。彼の場合は、戦争が、まだそこまで個人的な傷や痛みになってない。それは彼にとっても、私たちにとっても大きな救いでした。

政府軍と反政府軍が激しい戦闘を続けてきたダマスカスやアレッポと違い、タレクの故郷は「確かに、毎日爆弾が落とされるというような状況ではなかった。でも戦争という感覚はもちろんあったし怖かったよ、とても」と言う。そしてそれに比べ、ドイツに暮らす今は本当に穏やかだ、とも。

「カティアのところで暮らした半年は素晴らしい体験だった。難民の友だちももちろんいるけど、カティアを始め、多くのドイツ人と知り合えたことは僕の宝だよ」

「ドイツに来て出会ったドイツ人は、みんないい人ばかりだった。すごく助けてもらった。

そう断言できる」とタレクは言う。あまり評判の良くないお役所の人たちについてすら、「文句なんて言えるわけないよ」と。

「僕たちは難民としてここにやってきていて、彼らは僕たちのために働いているんだ、ということを理解しなくちゃいけないと思うんだ。保険のこと、学校の手配に仕事の世話、住まいの斡旋。やることが山のようにあって、日に一〇〇人も二〇〇人ものケースをさばいていかなくちゃいけない。時間がかかるのは当然。だから、僕たちは待たなくちゃいけない。当たり前だよ」

なんだか聞いていていて涙が出そうになるようなことを言う。

現在は二つのドイツ語のクラスを掛け持ちしているタレク。まだ仕事がないので、フラットシェアの家賃は政府が負担してくれているそうだ（カティアのところでは家賃は払っていなかった）。

「一日も早く、自分で払えるようになりたい」

ドイツに来て、わずか八カ月。わずか一八歳。難民認定の返事待ちというが、朗報が届くことを心から願う。最後にみんなでもう一度乾杯して、タレクの前途に幸あれと祈った。

アマイ
「自分自身に対して正直であるってことは大切なんじゃないかしら。人のためにといったって、どこかそれは自分のためという側面がある。私はマザー・テレサじゃない。なろうと思ったってなれっこない」

弁護士の資格を持つ五〇代女性。フェアトレードの事業を立ち上げるなど、起業家としての経験もある。三〇歳を頭に、四人の子どものいるシングルマザー。元・夫の海外赴任に伴い、フランス、スイス、英国にも在住。各地で仕事や育児、ボランティア活動をこなしてきた。

末っ子のお嬢さん（一五歳）と二人暮らし（プラス犬が一匹）だったベルリンのアパートに、一年前より、シリアからの難民、タエルが同居している。難民を自宅に迎え入れるのは、今回が二回目。最初もやはり居住地が定まらないシリアからの若者に二週間ほど部屋を提供した。ここ三年余り、地元の街に難民ハイムを造るプロジェクトを立ち上げたり、援助を必要とする難民に専門家やボランティアを紹介するなど、多岐にわたって難民支援に関わってきた。
忙しい合間を縫って、インタビューは少しずつ、三日間にわたって。その間、タエルとはまた別のシリア人難民の知人の青年が、朝ごはんを食べにやってきたり、難民ハイムからの急な呼び出しで出かけて行ったり、驚くほどのフットワーク。お嬢さんも、母親のこうした活動は「ごく当たり前」のこととして受け止め、見知らぬ訪問客と気軽に食卓を囲んだり、若者同士らしい会話をしたりしている。

一緒にタバコを吸ったり、政治の話をしたり
タエルがどうしてうちに住むようになったかについて、まずお話ししましょう。もともと私が関わっているボランティア・グループの方で、彼が仕事を探しにやってきたことがあって、そこで既に知り合っていたんです。仕事も見つかったようだし、よかった、よかった、とその時はそれで別れたわけですが、昨年（二〇一五年）の夏、ひょっこりと再会したんですよ。「まあ、久しぶり、どうしてるの？」と聞くと「元気だよ。友だちのところで部屋を見つけてそこに越したんだ」って言うんです。
それはよかった、と私も安心したんですが、数日後、もう一度会った時に「そのお友だちの

ところはどこなの?」と尋ねたら、ちゃんと返事をしない。さらにその二日後だったかしら、三度目に会った時にね、どうもこう、ぷーんと臭うんですね。明らかにシャワーに入ってないな、これはおかしい、と思って問い詰めた。そしてわかったんです、彼が友人と二人で二週間くらい駅に寝ていたっていうことが。それまでは学生用のアパートに入っていたんだけど家賃が払えなくなって、そこを出なくてはいけなかったんですね。でもそのことを私には言い出せなかった。

ちょうど私は夏の休暇に出かけるところでした。留守中、アパートの植木の世話をどうしようかな、と思っていた矢先でもあり、「じゃあ、お願い出来るかしら」と言ってね、彼らに留守番を頼んだんです。二人とも、ダマスカス時代からの知り合いでしたが、こちらに来て再会したそうです。そしてそれぞれの弟さんが、やはり国を逃げてこちらに向かっている途中だということでした。

私は家の鍵を渡し、テーブルの上に五〇〇ユーロを置いていったんです。もし何か緊急にお金が必要になったらこれを使うのよ、弟さんたちのためにも、と言って。

三週間後、休暇から戻ると、植木は全部、無事でした。そしてお金はそのまま手付かずにそこにありました。その後、彼の友人はほかの家族、ドイツ人とノルウェー人のカップル、という家族を見つけて、そちらに引っ越しました。そして彼、タエルだけがそのままうちに住んでいるんです。

タエルは二三歳。祖国シリアではマイノリティのドゥルーズ教徒。友人たちと反アサド政権の政治活動をしていたが、仲間のうちの数名の消息がある日、途絶えてしまった。生死の確認も取れないという状況の中、父親に「危険だ。お前も逃げろ」と言われ、急ぎ、学生ビザでドイツに入国したのが二〇一三年。ところが学生ビザのままでは経済的援助は受けられないし、学校に在籍していなければ即座に国へ帰されてしまう。アマイの奔走が実り、ようやく最近「学生」から「難民申請者」へと滞在資格を変更し、インタビューも受け、現在は申請が通るのを待っているところだという。ドイツ語の学校に通いながら、企業のキッチンの清掃の仕事をしているが、アマイによれば「最低賃金しか支払われてないし、将来の展望を見いだしにくい労働環境」とのこと。とても礼儀正しく、物静かな青年。

今後の身の振り方について、タエルとつい先日、話し合ったところです。とりあえず、ここに住み続けていれば家賃は要らないけれど、このような形でいわゆるブラックジョブを続けている限り、道は開けません。専門学校、あるいは大学に行くなりして、資格や技能を取得しなければ、ここからはい上がることはできない。それが現実だ、ということを彼にはっきりと言

いました。

こんなふうに時に厳しいことを言うのも、やはり私は彼のことが好きだから。最初に出会った時から、とてもいい子だなあという印象がありました。その彼が駅で寝ていると知って、そのまま放って帰るなんてこと、できるわけがない。チョイスはなかったのです。

なんて言ったらいいかしら。人生には時として、年齢差や文化的背景の違いなどにかかわりなく、互いにリスペクトや共感を抱き合える関係というものがありますよね。最初からそういう感じだったのです、彼に対しても、また彼の友人に対しても。

私には子どもが四人いて、彼らがまだ小さかった頃から家にはいつも誰かの友だちが泊まりにきたりしていました。数カ月居候していった若者もいた。そういうことにはもうすっかり慣れっこになっていた。その意味ではタエルとの同居も、大して違わないんですよ。

もちろん、彼がくぐり抜けてきたことについては心から同情します。でも、彼は難民である前に、私の子どもたちやその友人たちと同じような一人の若者、一人の人間なんですね。一緒に暮らしているとね、彼がそもそも「難民」だということ自体、私も忘れてしまっています。だからうちにお客さんが来る時も「こちらはシリアからの難民」とは言わない。「今、一緒に暮らしている友人」というふうに紹介します。彼自身もね、週末の夜、どこか同世代の若者たちが集まるようなところに遊びに出かける時は「僕はブラジル人だ」って偽ったりするんですって。でないと人は彼を難民としてしか見ないから、それが嫌だからって。

彼との共同生活は楽しいですよ。外から帰ってきて、家に彼がいる。いない時もある。一緒にタバコを吸ったり、車の修理を手伝ってもらったり。彼は彼でドイツ語の宿題でわからないことを私に聞いてくる。ディスカッションすることもあれば、難しい政治の話を延々とすることもある。お互いにすれ違いでしばらく顔を見ないこともある。成人した息子との共同生活と変わらないんですよ。ご飯は一緒に食べたり食べなかったり。彼が何かを作ることもありますし、犬の世話もしてくれる。掃除は分担。洗濯は、彼は自分のものは自分でやります。

善意の市民と当局との中間地点で

そもそも私が難民問題に関わるようになったのは、現在の大クライシスのずっと前、未成年者の難民の後見人になったことがきっかけでした。たった一人で逃げてきている未成年者の法的な親代わりになって、就学その他の手続きをする役割ですね。二人の未成年者の後見人になり、現在もそれは続けています。

三年前、私が住む地区に最初の難民キャンプ（仮設避難所）ができたんです。このあたり、閑静な住宅地なのですが、そこに難民キャンプが、ということで住民は色めき立った。治安はどうなる、不動産価値が下がるんじゃないか、とか。何しろみんなにとって初めての経験ですから不安に思う人が少なくなかった。そんな空気の中で、私は他の住民たちと、キャンプの運営のお手伝いのようなことも少しずつ始めました。

それは二〇一四年の一二月、アマイの暮らす街の野球場が、この地区最初の難民キャンプとしてオープンした時のことだった。市の呼びかけに対し、チャリティ団体が名乗りを上げ、アラビア語を話す人、クルド語を話す人、パシュトゥ語を話す人、計三人のボランティアが派遣された。やってきた難民は二〇〇人。対応する側はたったの三人。市は、「三日間、とにかく彼らの世話を頼む、そのあとは、また別のキャンプに移動させるから」と彼らにキャンプ運営を丸投げしたという。結局そこに難民たちは四カ月滞在。わずか三人だけで、全員の名前やその他の情報を聞き取り、書類を作成しなければいけなかった。日常のさまざまな面倒もみる必要があった。しかも彼らはそうした方面の経験など全くない人たち。現場は混乱を極めた。

キャンプには家族連れが多く、子どももたくさんいた。惨状を見かね、アマイたち友人グループがボランティアとして参加。生活物資の調達から子どもたちの就学手続きまで、多岐にわたるサポートを担ったという。その半年後にドイツに大量の難民が流入。ベルリン当局は大慌てで六五カ所のキャンプを開設。「この時点では当局の対応もさすがに初期に比べると幾分マシなものになっていた」とアマイはいう。「たとえば二〇〇人のキャンプなら、少なくとも六人の市から派遣されたソーシャルワーカー、そして子どもの世話を専門にする人材も置く、といった程度には」

こんなふうにして難民支援に関わるようになったのですが、経験を積んでいくうち、構造上のこと、政府や自治体との関係、そして自分にとっての向き不向きというようなことも見えてきたんですね。ソーシャルワーカーやボランティアの人たちとのつながりもたくさん経験しました。もちろん業者との関わりも。

ある時期、市長から毎週のように私の携帯宛てにメッセージが届いていたことがありました。どこそこに新しいキャンプが開かれることになりました、といった知らせなどが来るんです。一〇時間後には、そこに難民たちが殺到してくる。こちらは急遽、ボランティアを派遣する。まさに消防署みたいな状況でしたよ。

初期の頃に手伝っていた人々、それなりの経験を持っている人の多くはその頃までにはすっかり疲弊してしまった、もうこれ以上できない、という状況になっているということを、当局側も理解するようになった。代わってセキュリティ会社とか、いろんな物資を扱う会社など、とにかくあらゆるタイプの個人や団体がキャンプの運営に携わるようになります。

彼らにはでも、難民キャンプ運営の経験なんて何もない。そして中には、お金が儲《もう》かればいい、キャンプの人たちの生活条件や心の状態には関心がない、という人だってもちろんいます。他方、キャンプで働くボランティアの人たちからの苦情や嘆きのメールもどんどん入ってくる。運営母体とボランティアとの間での、現場での衝突が絶えないという現実に直面したのです。

私たちは難民を助けたい。でも運営母体は、ボランティアをタダ働きさせて、キャンプ運営で利益を出す。そういう仕組みはまずいんじゃないか、という疑問もボランティア側に出てきます。

私は個人的に政府や官庁に知り合いが結構いますから、物事がうまく進まないような時に一体どうなっているんだ、ということを内々に素早く聞いて知ることができます。そういう「内部情報」を生かし、たとえば、業者が当局から支払いを受けて運営に当たっているところへ、善意のボランティアが食べ物を提供しにいくというようなことが起こらないようにする。あるいはボランティアが一生懸命になってシャンプーとか洋服などをかき集めてくれますが、政府がその部分のお金は出すという仕組みになっている、だったらボランティアの善意や時間やお金といったサポートを無駄に使わないようにしよう。そんな知恵や工夫も育ってきます。

こうした経験を経て、私は自分自身のポジションを、善意の市民と、当局との中間地点、というふうに捉えるようになったんですよ。個人的に、あるいはフェイスブックなどでボランティアを求められる場合も、その内容によって、時にノーということもある。その仕事にはきちんと報酬を支払うべきだ、と釘をさす場合もある。だから私のことをよく思わない人もいるでしょう。

善意のボランティアの人の中には、私から見てあまりにシンプル過ぎる人もいるんです。難民誰それのかわいそうな話、というようなところに過剰に感情移入して、そのかわいそうな話には時に反対の側面があるんだという点に全く目がいかないような人たち。気持ちはわかるけど、うーん、そういう情緒的なことだけでは立ちゆかないだろう、とね、私は懐疑的になるんです。

私はマザー・テレサじゃない

やはり、自分自身に対して正直であるってことは大切なんじゃないかしら。人のためにといったって、どこかそれは自分のためという側面がある。私自身に関しては、なぜ、私がこういうことをしているかということについて、わりに自覚的に理解していると思う。私はマザー・テレサじゃない。なろうと思ったってなれっこない。

この三年間、タエルをはじめとして、多くの難民たちと個人的に関わりを持ちました。私のところにはいろいろな相談事、案件がひっきりなしに舞い込んできます。タエルのようにすぐに親しくなってわかり合える人もいれば、そうでない人もいる。人間の相性ってありますから仕方ないんです。でも、親しくなれそうになくっても、もちろん力になろうとは思いますよ。

たとえば、コソボで殺人をしてここに逃げてきたという人がいました。酔っ払っていて、誰かを殺してしまったらしいんですね。一一年間の獄中生活からようやく釈放されたものの、その後もずっと家に閉じこもりきりだった。でないと、殺した相手の家族が彼に復讐しにくるからというので。そんなある日、ついに家から出るチャンスをとらえ、そのままドイツに逃亡してきたそうなんです。

「こういう人がいるけれど力になってほしい」と頼まれましてね、難民申請の手続きをサポートするために会ったんですよ、この彼に。一緒にコーヒーを飲みました。コーヒーは彼がご馳走してくれましたよ。

コーヒーは飲んだし、出来うる限りのサポートはしましたけど、でも個人的に、彼と友だちになるということはないでしょう。彼の話すことを全部そっくり信じてもいない。何かあるなというふうに感じるからです。でもそれはいいんです。皆が皆、自分の友だちになる必要はない。自分には自分の役割があり、助言できることがあればできるだけそうする。弁護士のようにね。稀にですが、報酬を受けることもあります。時には私の力が及ばず、援助する相手が怒ることだってある。それもまた、こうした活動をしている中では避けられないことですね。

今日もまた一つ、SOSの連絡が来ました。家の近所に、難民ハイムがあります。そこはもともと精神病院の建物だったのですが、長らく使われていなかった。ということで地区のボランティア仲間と一緒に、ここをハイムにするプロジェクトを立ち上げたんです。今年（二〇一六年）の三月に無事、オープンして、今は三〇〇人くらいの難民が暮らしていますが、私はここで、ボランティアを組織するお手伝いもしているんです。それで時々、緊急の助けを求めてこんなふうに私のところに連絡が来るんですね。

そのハイムの住人の一人が難民申請を拒否されてしまいました。このままだとダブリン協定に従い、欧州域内で彼が最初に指紋を押捺《おうなつ》したブルガリアに送還されます。それでスタッフが、なんとかできないだろうか、と私に相談してきたのです。彼らもいろいろ手を尽くしてみたが、今のところどれもうまくいかなかったから、と。とにかく、彼は今日、役所に行かなければいけなかったので、頼まれて私が同行しました。この手のケースでは、警察官がすでにそこに待機していることもあります。ハイムのスタッフはその最悪の事態を恐れていました。状況を正しく理解し、それ相応の対応ができる人物が同行する必要があったのです。

役所の担当者は彼の書類を取り上げ、彼は一カ月以内に国外に出ることを命じた紙を受け取りました。最終的には警察が彼の居住地にやってきて彼を同行し、飛行機に乗せるのです。

そのハイムには週一回、ボランティアの弁護士が来ていろんなアドバイスをしてくれるのですが、時にはボランティア・レベルのアドバイスでは間に合わないケースがある。今回もそうです。なので、彼女にはきちんと費用を払い、弁護士としてこのケースで働いてもらうことにしました。

それと並行して、彼を教会の避難所に入れることにしました。ドイツにはチャーチ・アサイラムというシステムがあるんです。教会が難民を引き取り、教会内に住まわせる限り、警察は中に入ってその人を逮捕することができない、そういうシステムです。ただその場合も、教会はこういう人間が住んでいる、ということをきちんと届け出なくてはならない。そうすれば彼が「意図的に隠れている」ことにならないからです。このような教会避難のシステムは、法制化されているものではなく、いわゆる慣習ですね。中世から続く古い慣習だと思います。政治家はこの慣習、嫌ってますけど、どうしようもない（笑）。

ともかくこれが彼の唯一のチャンス。でも彼が、たとえばスーパーに買い物に行くために外に出た場合、いつでも警察は彼を逮捕できる。そしたら終わりです。だから外に出るのはとっても危険。教会の側だって大変です。見知らぬ人を匿《かくま》い、その人のために買い物に行き、いろいろ世話をすることを引き受けるわけですからね。

欧州共通の難民ルールの一つ、ダブリン協定によると、難民は欧州圏内で最初に指紋押捺をした国で難民申請の手続きをしなければならない。この人の場合は、逃亡途上のブルガリアで

捕まり、その後、牢屋に二〇日間入れられ、暴力で指紋押捺を強制された。その時点で彼の記録は欧州全体の難民データベースに記載されるので、ドイツ当局としては、彼をブルガリアに送還する義務がある。他方、ブルガリアやハンガリーを始め、難民の人権が保障されないと思われる国々もあるため、強制送還には人道上のジレンマが生じる。彼のケースでは、教会に保護されている限り、ダブリン協定の定める期限までなんとかドイツにとどまれる可能性もあり、それがドイツで再び申請手続きを始めるための唯一のチャンスなのだという。

ドイツは、シリアからの難民に限っては、人道的な理由からダブリン協定を適用しないことを決めたが（二〇一五年）、この人はイラクからの難民であるため、その例外措置の恩恵にあずかることができない。難民たちはむろん、こうした事情をよく理解しており、それがゆえに、夜間の移動を試みるなどして、望まぬ国での指紋押捺を避けようとするのである。

人と人をつなぐもの

難民支援を続けていく中で、私自身は、なるべく淡々と自分にできることをして、それと自分自身の生活は切り離すようにしてきました。でないとこっちが参ってしまいますから。ところがやはり人間ですからね、感情移入が強くなってしまうということも起きるんですよ。相手とどういう状況で出会ったか、そしてその相手がどういう人間か、ということが時に大きく自分の感情に響いたりもする。

とある難民キャンプでね、一人の青年がいた。ひどいトラウマに苦しんでいて眠ることもできない状態でした。夜通しベッドの横で座り込んで起きていて、昼間に二、三時間眠るだけ。パニック状態で何カ月も眠れていない状態で、ゾンビみたいでした。私は何度も足を運び、彼にセラピーを受けさせ、キャンプから出して個室に移すよう奔走したのですが、実はその間、ずっと彼の横で支えているもう一人の難民の存在にある日、気がついたのです。

その人、ハサンは、まるで青年のベビーシッターみたいにして、来る日も来る日も彼のベッドの横で彼が寝入るまでずっとついてやっているんですね。最初はトラウマの青年の方に私はかかりっきりだったのですが、気づけばいつもハサンがいる。まるで青年のお兄ちゃんのようにして、彼のことを気遣っている。いつの間にか私とハサン、二人で一緒になって青年を助けているような、一種の連帯意識のような感情が芽生えてきたんです。非常に深いところでの人間同士の結びつきっていうんですか。そしてしばらくたって理解したのです、トラウマの彼だけでなく、ハサンだって実はとても大変なものを抱えているんだっていうことを。

ハサンは、シリアでは政治犯として捕まって牢獄に四カ月ほど入っていたんです。拷問も受けたそうです。彼の住む町に空爆があり、家が破壊され、叔父や叔母は亡くなってしまった。ハサンはなんとかドイツまで逃げてきたけれど、奥さんと、まだ赤ちゃんの娘さんとは、離れ離れになってしまった。彼女たちはレバノンにいるのです。

最近、ハサンにようやく難民申請の許可が下りました。これで奥さんと娘さんをこちらに呼び寄せる条件が整ったので、ベイルートのドイツ大使館に彼女たちの渡航ビザを発給してくれるよう、今、私も働きかけていますが、何しろ時間がかかる。しかも彼女たち、レバノンではハサンの義兄のところに隠れて暮らしているんですが、実はそれはとても危険なこと。というのも、レバノンの警察は、シリア系住民がシリア難民を匿うことを厳しく取り締まっていて、もし、見つかったら強制送還になるからです。そうしたら彼女は罰金を払わなければいけないし、シリアからドイツに発つことはできない。ダマスカスの空港は今、全く機能してませんからね。家族のこんな薄氷を踏むような境遇に、ハサンも毎日、生きた心地がしないでしょう。

そんな心労を抱えながら、彼はドイツ語の学校に通い、職業研修も始めました。ドイツ語も随分できるようになったけれど、彼は、決して語学が得意なタイプじゃない。大変な努力をしなくてはいけなかったはずですが、でもそれをやりましたね。驚くべきエネルギーで。すごく頑張っているんですが、彼、とても繊細でね、ストレスとかプレッシャーがある程度以上になると、心が壊れてしまいそうな、そういう人なんですよ。時々、あ、ちょっとトゥーマッチになってるんじゃないか、と感じることがあるんです。

私の役割は、彼にのしかかっているたくさんのことを少しずつ、小分けにして、まず、ここをやってみよう、というふうに調整してあげること。最終的には彼は自分で自分の人生を全部背負っていかないといけないわけですが、とりあえず、今は急場凌《しの》ぎ的な感じで、なるべく無理をし過ぎないように、と私もそばから支えようとしています。もうこれは、単なる難民支援を超えて、私と彼との友情に基づくサポートですよね。

多様性という資産

そう、この難民支援というのは、こんなふうに予期していなかった出会いや友情ももたらしてくれた。非常に広い範囲の面白い人たち、新しい発想や考え方にも出会いました。旅行なんかしなくても、それ自体が旅みたいなんです。世界旅行してるみたい。素晴らしいんです。

でも時々、やっぱり無力感に襲われる。このとてつもない数の人たちが助けを必要としていて、でも自分は何もできてないという無力感。どうやって助けていいかわからないことも本当に多い。他方、私がしているのと同じようなことを、本当にたくさんの人がやっている。大河の一滴ということを思うけれど、でも一滴でできなくてもこんなにたくさんの人が関わっているのだから、大河になれば何かできるのかなあと。

ドイツには長い移民の歴史がありますよね。過去に移民してきた人たちは、ある意味、ドイツ語がどれだけできるか、っていう点で評価されてきたところがある、特に労働市場において。

ところが今、それが少し違ってきている。ベルリンにはソーシャルワークで有名な大学がありますが、そこの教授がこんなことを言っていました。

「我々のような学部が、この難民危機に際して、どのような関わり方をしたらいいのかを考えながら教室を見渡した時、そこにいる学生たちの多様なバックグラウンド、そして、ドイツ語以外の言語の話者たちがずらりと並んでいる様に、強い感銘を受けた」

そうなのです。突然、いろんなタイプの人たちが必要とされるようになった。なぜなら彼らはパシュトゥ語を、ペルシャ語を、トルコ語を、アラビア語を、ダリー語を解するから。これまで一顧だにされなかった言語が突然注目を浴び、需要が生まれた。そして、そうした言語の話者たちは、初めて一種の自己肯定感を得た。今のドイツは、彼らの力なしにはこの難民問題に対処していけないのです。かつての移民たちが、今のドイツでは非常に役に立つ資産なのです。ソーシャルワークの専攻で、こうした言語を話せる学生は、すでに仕事が決まっている。引っ張りだこなんだそうです。驚くべきことですよね。

マケドニアから来たことは、かつては厄介な重荷だったのに、今ではそれがボーナス。五年後に私たちのこの社会がどうなっているか、とても興味がありますね。

クリストフ　「彼らが『仕事』や『自立』というものに近づくための手伝いがしたかったんですよ。そういうやり方が自分の性格や哲学に合っていると考えたんですね」

デュッセルドルフ郊外の街の閑静な住宅街に在住。五〇代男性、ＩＴ関連大企業でマネージャーを務める。大学では政治学を専攻した。子どもの頃からクラリネットに親しみ、かつての先生とデュオで演奏することも楽しみの一つ。建築家の奥さんとは数年前から別居中。一人娘（二二歳）は現在、ミュンヘンで法学を専攻する大学生。

半年ほど前から、自宅の一部（独立したフラットになっている）をイラクからの難民一家（モサブとヌーラの夫婦に、一歳の赤ちゃん）に提供しているほか、地元の教会で統合コースを立ち上げ、週に一度、ボランティアでドイツ社会の仕組みや政治、文化等について難民たちにレクチャーをしている。

広々とした一軒家のテラスで、クリストフが近所の店から買ってきてくれたラズベリーのタルトをいただきながら話を聞いた。花や木に囲まれ、鳥のさえずりが聞こえるのどかな環境だ。

翌日には統合コースを見学させてもらった。またモサブやヌーラとも個別に話をする機会を得た。

空っぽの家で

三年前に妻が家を出て行ったんです。本当の理由は実は今も僕にはよくわからないのですが、いずれにしても僕たちはもう一緒には住めなくなっていたんですね。この家の敷地内に離れがあり（といって庭の奥にあるその建物を指で示す）、その屋根裏の階に彼女は一人で暮らしています。僕たち、離婚はしていないし、銀行や保険なんかも共同名義のままです。ちょっと変則的な状況ですが、お互いにそれを受け入れ、なんとかやっています。

この家は一二〇〇平米、とても大きな家です。地下室があり、そこは独立したフラット形式になっていて、そこに妻がしばらく住んでいました。同じ屋根の下には暮らしていましたが、別居状態はその段階ですでに始まっていたんですね。娘は母屋の方に、それまで通り僕と一緒に暮らしていましたが、去年の一一月、ミュンヘンの大学に進学するために家を出ることになったんです。それを機に妻もまた、このフラットを出て、離れに移り住むことにしたのです。

娘が大学生になり、親の責任というものが一気に小さくなりました。少し前まで、毎朝一緒に朝ごはんを食べて、そして学校に行って、また帰ってきて、という規則正しいリズムがあった。そういうことが突然なくなってしまった。

さあ、この大きな家に僕は一人きりになってしまった。どうしたもんだろうか。人にでも貸そうか。いや、もしかしてここに難民の家族に住んでもらえるんじゃないか。そうだ、それがいい。きれいな庭のある「楽園」みたいな環境で、きっと喜んでもらえるだろう。それが僕の最初の思いつきだったのです。

最初と言いましたが、難民問題にはその少し前から徐々に関わるようになっていました。いえ、本当に徐々に、ゆっくりと、です。関心はありましたが、妻とのこともあったし、仕事も忙しかった。余裕がなかったし、ボランティア活動の経験もまったくありませんでしたから。

難民支援に関わることは僕にとってはとても大きな決断でしたが、それはある日突然やってきたのではなく、最初は周りを見回して様子を窺《うかが》っていたんですよ、数カ月もの間、何をどうやったらいいんだろう、と。すでにこの街で教会コミュニティは難民支援に乗り出していました。彼らは自分たちのやっていることをよく理解しているようだったし、事情にも通じていそうだった。そうか、ここに混ぜてもらおう、と思い、参加してみることにしたんです。するとそこからいろんなことが自然に進化発展したんですね。

クリストフが立ち上げた社会統合コースの様子。

教会の教区で、週に一度の統合コースを立ち上げ、彼らと時間を共有し、いろんなおしゃべりをしたり、ドイツの文化的社会的な背景について少し教えたり、ということを始めてみたんです。そうしたらこれがね、思いのほか、楽しかったんですよ。多くの人と知り合い、そしてその中に、一人のソマリア出身の青年がいた。

すごく前向きでやる気にあふれていて、数カ月でドイツ語もかなり覚えていた。僕はそういう人がそもそも好きなんですね。言葉を覚えたり、仕事をしたり、手段を探したり、いろんな意味で「前に進んでいる」っていうのかな。その彼がフラットを探してるっていうんです。というのも彼は、パートナーとは逃亡の途上でバラバラになってしまい、彼女は今、ロンドンにいて、彼の子どもをみごもっているのです。独身男性用の難民ハイムを出てフラットに移り住むことができれば、いずれそこに彼女を呼んで一緒に暮らせるかもしれない。だったらぜひ僕の家のフラットに住んでください。そう提案したのです。

ところがですよ。彼は「うーん、ここは最寄り駅から遠すぎる、仕事に通うのに不便だ」というんですね。いや、でも僕の娘だって毎日駅まで歩いて学校に通っていた。なぜ、こんな願ってもないであろう条件の話をそんなことを理由に躊躇《ちゅうちょ》するのか、最初僕にはまったく理解できませんでした。

ところがその後、彼の中に何か恐怖の感情のようなものがあるのを感じ取ったのです。仕事を終えて夜、真っ暗な中を帰ってくる。バス停からここまで徒歩で帰ってこなければいけない、ということに対する恐怖。もちろん彼はそんなことは言いません、ちょっと遠すぎるとしか言いません。僕にはわからない。

けれどその恐怖は彼の体験にもとづいているものかもしれない。祖国での暗闇、一人、サイレン、車の音などなど。人がそれぞれにもつ恐怖について、その理屈や理由は他の人には、時に本人にもよくわからない。僕は彼のヒストリーを知らないじゃないか。ハッとしました。そして僕には理解できない彼の事情というものをリスペクトしようと思い至ったんです。

そう思い至ったものの、せっかく張り切っていたところを早速断られて（笑）、多少、フラストレーションというわけでもないですが、さあて、どうしようか、と。その時にモサブ一家のことを知ったのです。やはり、僕がやっている統合コースに彼らが顔を出したことがきっかけでした。

モサブ一家との暮らし

一歳になるかならないかという子どもを連れて、彼らはまだドイツに到着したばかりでした。なのに難民ハイムでね、さっそく盗難の被害に遭ってしまったらしいんです。難民には政府から月々数百ユーロの生活費が支給されるんですが、これを彼らは使わずにとっておいた。トルコにいる親戚の逃亡費用にあてるためにね。それをそっくり盗られてしまった。

難民の逃亡を助けるブローカーのことをシュレッパーといいますが、難民キャンプにシュレッパーを名乗る人物がたびたびやってきたそうで、まあ意気投合してすっかり信用してしまったんでしょう。持ち金を全部渡したら、そいつが消えちゃったっていうんですよ。ひどい話ですよね。彼らのそんな苦境を、難民ハイムでボランティアをしている知人が教えてくれたんですよ。ともかくそれは大変だっていうんで、僕のところのフラットに住まないか、と提案したのです。

モサブ（二九歳）はイラク第二の都市、モスルで生まれ育った。家族代々、「生粋のモスル人」だという。宗教はスンニ派イスラム教。地元の大学でＩＴを専攻し、卒業後、衣料品会社に勤めていた。妻のヌーラとの婚約時代にＩＳＩＳがモスルに迫ってくるというニュースが流れた。二人の新居のためにワクワクして家具などを揃え始めていた矢先だったという。

「モスルはもともとスンニの町なのに、アメリカ軍撤退後はシーア派のイラク軍が町を牛耳ってたんだ。アメリカ軍がやってきて以来、もう国は無茶苦茶だよ。どんどん悪くなっていった。だから最初、ＩＳＩＳが僕らを国軍から解放してくれるんじゃないかとぬか喜びしたくらいだった」

ところがＩＳＩＳがモスルに近づき、町での存在感が増すにつれて、空気は激変。「妻はパニックになり、逃げなきゃ、逃げなきゃと言うけれど、僕は男だし、仕事もあるし、きっとこの状況もいつかはマシになる、そう思っていたんです。そう、まだその頃はタカをくってた。ところが現実は違った」

モスルは二〇一四年にＩＳＩＳに制圧された。

「その知らせを聞いて、本当に信じられなかった。どういうことか理解できなかった。でもその後、すごいスピードで実感が迫ってきました。国軍は僕らを見捨ててとっとと消えちまった。男はあごひげを伸ばし、女はブルカで全身を覆うことが義務付けられた。文明のシンボルだったモスクも破壊された。女たちは外出しなくなった。結婚式に予定していたホールもＩＳＩＳが閉鎖してしまったから、僕たち、家の中で小さな集まりを開いただけの寂しい結婚式しかできなかったんです」

もともと「あまり髭が生えないタイプだった」モサブは、そのせいで、二度もＩＳＩＳに捕まって「指導を受けた」という。「もう怖くて外出も出来なくなったよ」

やがて娘が生まれるが、モサブの給料の大半はＩＳＩＳに持って行かれ、オムツ代もままならない。既に医者の多くが街から逃げていたので、娘のための小児科医もなかなか見つからない。薬も高騰する。妻の強い希望もあり、とうとう逃亡に踏み切るも、第一回目は途中でＩＳＩＳに捕まってしまう。

「奴らは僕と妻を別々にして尋問するんだ。逃亡用にお金を持っていたんだけど、どうしてこんなものを持ってるのか、なんてことをあれこれ聞かれた。適当にごまかしたよ。そのときは家族のことなんて考えられなかった。自分が生き残ることしか考えなかった」

「彼らはＦＢＩみたいに洗練された組織じゃないからね、僕のでっちあげを見破れず、夜中

24　イスラム教徒の女性が着用する全身を覆い隠す衣装。目の部分も網状の布などで隠す。

の一時すぎまで拘束されたけれど、なんとか釈放された。『トルコに行くなんてこと考えるな、さっさと家に帰れ』と言われてね、いったんモスルに戻ったんだ」

その後、ＩＳＩＳに目をつけられないようにしばらく静かにして様子をうかがっていた。

「また、朝、仕事に出かけ、妻は一日中家にこもっているという生活。妻は毎日のように、逃げよう、逃げようと言う。頼むから、僕に考えさせてくれ、プランを立てさせてくれと言っても、彼女は黙ってるってことができない。やいのやいのと急《せ》き立てるのさ。僕はうるさいのはダメなんだ、考えられないし」

ある日、娘に予防接種を受けさせようとしたら、この街にはもうワクチンがない、と言われた。バアッジまで行けばあるだろう、と。バアッジというのはシリアとの国境にある街。その瞬間、妻と目が合った。これがチャンスかもしれない。妻に言った、ともかく僕に任せてほしい、と。

娘の予防接種という口実であちこち奔走して書類を揃え、第二の試みを開始したが、行く先々で無数の壁や困難とぶつかる。「殺される寸前」の危機も幾度もあった。「サソリの出てくるような砂漠で夜明かし」し、「爆弾でめちゃくちゃに破壊されたアレッポの街の無残な姿」を横目に「ＩＳＩＳの目をくらますためにイスラム原理主義者の格好に変装」しての逃走。夜中は「娘の泣き声でＩＳＩＳに捕まらないように水もないのに娘に無理やり睡眠薬を飲ませる恐怖」などを次々と「奇跡的に乗り越えながら」彼らが辿《たど》った道は、モスル〜バアッジ〜そこから国境を越えてシリアのシャダディ〜アレッポ〜そしてトルコへ。

「僕にとってはモスルから逃げることが既に夢だった。先のことなんて考えられなかったし、どこまで行くのかも決めていなかった。ちゃんとした計画なんてなかったよ」

フェイスブックやワッツアップ（ＬＩＮＥのようなＳＮＳアプリ）で先行者からの情報を集め、あとは「なりゆき任せ」「ステップ・バイ・ステップ」で海を渡り、バルカン半島を北上し、ハンガリーを通過してドイツまで。国を出た時に娘は生後一カ月半。妻は二八歳。

テーブルの上に広げた地図で、モサブ一家の逃亡の道を指で辿って見せてくれた。想像を絶する距離と関門の数々、新生児を胸に抱えての野宿、ゴムボート、夜間の歩行。

「ドイツに着いたのは、二〇一五年の九月二七日でした」

モスルを出てから三カ月後のことだった。まずはキャンプに収容され、その後、難民ハイムに移った頃に「統合コース」を通じて、クリストフと知り合ったという。

そんなふうにして、モサブ一家は僕の家にやってきました。昨年（二〇一五年）の一二月。二カ月ちょっと住んだハイムを後にし、すっからかんになって。

さあ、これで晴れて次の一歩が踏み出せる。一家を新しい環境に迎え、鍵を渡し、設備のことなど一通り説明しました。一つ屋根の下ですけど、彼らには自分たちの玄関、自分たちのキッチンやバスルームがあるので、基本的には日々の暮らしは別々ですね。気配は感じますし、食事やお茶などを共にすることもありますけど。

さて、しばらくしてから僕は仕事でベルリンに出かけたんです。一週間後、そうクリスマス・イブの夜でしたが、戻ってくると、別居しているはずの僕の妻が家の前で待ち構えている。「あなたのところのモサブが、昨晩、所持品ともども、奥さんに追い出されちゃって、住むところがなくて私の家のドアの前に立ってたのよ」と言うじゃないですか。「とりあえず、あなたの家のドアをあけて、中に入ってあなたの帰りを待つようにといったから」

慌てて中に入るとそこに傷心のモサブがいる。「もう二人ではやっていけない。無理だ」と打ちひしがれている。

もう夜更けでしたが、奥さんのヌーラもよんで、それぞれの言い分を聞き、三人で数時間、話し合いをしました。二人とも、非常にストレスがたまっていて、それぞれ限界だった。バーンアウトですね。

それから何度も「離婚騒ぎ」が起きました。そのたびにまた三人で話し合い、落ち着きを取り戻してもらう。問題が起きたら彼らは別々の部屋で寝るようにして、なるべくよく休めるように、と勧めたりしましたよ。

ある時ヌーラは話をしながらそこいらの紙に絵を描いたんですが、それが自殺を示唆するような絵だった。ほら、これです（といって見せてくれる）。難民生活に伴うストレス以外にも何かある、という感じを受けましたね。家族、特に実母との関係に何かあるんじゃないか、と。

彼女は二八歳、彼女のお母さんは四五歳。つまり彼女が生まれた時、お母さんはたったの一七歳。まだ子どもですよね。そのせいかどうかはわからないけれど、どうも二人の関係に何か複雑なものがあるような気がします。彼女の両親も最近、難民として逃げ始めたらしく、一体どこにいるのか、両親たち自身もよくわかっていないような状況で、だから彼女は今、またとても神経質になっている。当然ですね。

そしたら今度、先週のことですが、例によっての夫婦喧嘩の最中に、娘のカマルがテーブルから落ちて気を失ってしまった。救急病院に運ばれ、二日間、緊急入院の騒ぎ。幸いにしてカマルは後遺症もなくまあ大丈夫だったのですが、でも夫婦の関係が難しいというのは明らかです。ここ数日は小康状態ですが、またいつ爆発が起きるかわからない。そういう状況です。

逃亡中、一度も泣かなかったのは女性の方
ドイツ語の問題もあります。同じ時間でもっとドイツ語をたくさん覚えた人がいくらでもいる。なのに彼らは外に出て行かない。家にこもってばかりいる。だからなかなか上達しません。

夜は遅くまで起きてるのかな、だから朝の一一時くらいまで寝ているようですね。ヌーラはそれでも時々、ベビーカーに子どもを乗せて散歩や買い物に行ったりしています。ムスリムのあのヒジャブ[25]を被っていきますから、この辺りではやはり人目を引く。近所の人が時々「あぁ、今日、君のところの彼女を見かけたよ」というようなことを言うので、それで僕は彼女が出かけてるのがわかるんですけどね。でも、さほど頻繁に外出するわけでもない。一人で出かけるというのがちょっと抵抗あるのかもしれない。男性ばかりのところに女性一人で出かけていくのに多分慣れていないのでしょう。だからドイツ語のクラスに週に一度、出かけていくときも、必ず、娘同伴ですね。ある意味、子連れということが彼女にとってのお守りのような感じなのかな。

もちろん彼らの状況はとても大変です。それはそうだけれど、自分自身の精神状態をなるべく安定させないことには、この新しい世界でサバイバルしていくことは難しいですよね。彼女の方は幸いにして僕を信頼してくれているようで、この頃は僕の話に耳を傾け、先へ進む努力

25　イスラム教徒の女性の多くが身につけるスカーフ。全身を覆う「ブルカ」よりも世俗的なイメージ。

をする気に少しなってくれた。でも、子どもが病院に運ばれるとか、夫婦関係が不安定というようなことがこれからもまた続けば、当局は子どもの保護という観点から、親から引き離そうとするかもしれない。なんとかね、せめて難民申請が通って落ち着くまで、家族の問題がこれ以上起きなければいいと祈ってます。離婚するにしても、その後でいいじゃないか、と。

ところで、彼らの夫婦関係を見ていて、ふと気づいたんです。これ、考えてみたら僕と妻の関係とそっくりじゃないか、と。

この難民としての逃避行の間、彼女は一度も泣かなかったという。片や彼は何度も泣いた。彼のほうが弱い役割になっているんですね。強い役割の彼女のほうがいつもプッシュしてものごとを動かそうとするのに対し、彼のほうは、もっと静かで、まあまあ、ゆっくり落ち着いて、というような役割分担。

あれ、これは身に覚えがあるぞ、と。まいったな、この同じパターンがまた僕の家に戻ってきちゃった、という（笑）。他方、馴染みの構図だから、いろんなことがよく見えたし、それに基づいて、これをしないほうがいい、こうしたほうがいい、ということもわりとよく見えた。僕自身がこの構図を生き、苦しみ、やがて受け入れたという経験が役に立った部分は確かにありました。そして思ったんですね、これは人間共通のパターンで、文化差とか宗教の違いとか、関係ないんじゃないかと。人間の本性に属する事柄というか。

それにしても人間って不思議ですよね。大変な困難をくぐり抜けてやっとここ、平和で静かな場所に辿り着いた。もう困難なんていらないはずじゃないですか。なのに彼女は、あたかもわざわざ困難をつくり続けようとしているみたいに僕には思われる。まるで困難が必要だとでもいうように。僕の考え過ぎかもしれませんが。

逆にモサブのほうは、うーん、彼は苦難やクライシスでもない限り、なにもしないタイプ。本当に怠け者でねぇ、これはこれで困ったもんです（笑）。ドイツ語もまだヌーラの方が上達していますしね。彼の中には、まだ「できれば国に帰りたい」という気持ちがある。だからどうしても、ここで何とかやっていこう、という覚悟がつきにくいんでしょうね。

ヌーラにも話を聞いた。年齢よりずっと若く見えるが、それは「お母さんが私の世話をよくしてくれたから」なのだそう。この逃亡計画についてはもちろん「お母さんに話したし、私とお母さんは顔も性格もそっくりだから、すぐに理解して賛成してくれた」という。

ドイツ語はまだ片言だ。ブロークンの英語に、けれど頻繁にドイツ語が混ざる。新しい言語を学んでいる初期段階に誰もが通る道。これも話したい、あれも話したいと気持ちがはやるが言葉がなかなか追いつかない。それでも「表現したい」「わかってもらいたい」という熱意は非常によく伝わってくる。

イラクから来たヌーラ。

ドイツに着いてからはドイツ語の学校を通じて、あるいは子どものいるお母さんつながりなど、友だちもできたようだ。「シリアとかエチオピアとかいろんな国の人たちと知り合いました。私のお母さんは黒人と話すのは嫌いだけど、私はそういうこと、気にしないので」。自分のことを社交的でオープンな性格だと思っているそう。そして「白い心」の持ち主であるとも。

「白い心、というのは？」と聞くと、早速、手持ちのiPad（これはクリストフが彼女たちに「少しでも外の世界と繋がれるように」と願って、プレゼントしたもの）でグーグル翻訳してくれた。「信じやすく、騙《だま》されやすい」ことをアラビア語ではそう言うらしい。

「だからお金を騙し取られてしまったし、夫も私に知らない人と気安く話すな、と注意します」

今後、どうしたいと思っているのだろう。

「今一番大切なのは逃亡中の家族の消息を知ること。それからドイツ語をなるべく早く学ぶこと。すごく重要なので、頑張りたい。仕事もしたい」

モスルの大学では建築を勉強し、卒業後は仕事に就いたが、一年も経たないうちにＩＳＩＳがやってきて中断せざるを得なかったという。

「それから、もちろん子どもの世話をちゃんとしたい。夫のことはとても愛してます。家族と平和に暮らしたい。でもそれ、きっと誰でもここに来る人たちが願うこと」

クリストフから聞いた話とは随分、様相の違う思いやストーリーが語られることに少々驚きつつも、文化や生育環境が大きく異なり、言葉もおぼつかない相手のことを知ったり理解したりするのは大方、こうしたものなのか、と思い直す。

私たちが話をしている時に、クリストフが大きなお皿にフルーツを山盛り乗せてテーブルに持ってきてくれた。

「こういう大皿にタップリっていうのもね、彼は私から学んだんですよ。アラブの流儀なの。私たちはみんなで一緒に食べるのが好き。長いテーブルにたくさんご馳走を並べて。ここでもね、毎週金曜日、夫がモスクに行って帰ってきたら、テーブルをちゃんとセットして、ご馳走を食べるの」

街の中心部に、トルコ系とモロッコ系のモスクがあり、トルコの食品店もあり、そこで中東の食材はだいたい手に入るそうだ。

「不便はないですよ」とヌーラはいう。「ただし、ドイツでは金曜日は休日じゃなく、みんな仕事をしているでしょう。ご馳走をたくさん作っても彼らとは一緒に食べられないのが残念だけど」

ベルリンの壁崩壊時とどこか似た感じ？

モサブ一家との付き合い、また、それ以外の形での難民たちとの関わりを通じ、社会統合ということが非常に大切だということをますます痛感するようになりました。ひとくちに難民といっても、ここにはパキスタンからの人、エリトリアからの人、そして最近はイラク、シリア、アフガニスタンからの人。皆、異なるバックグラウンドや文化を背負っている。教育程度の違い、自分の置かれた状況をどのくらい把握しているか、そして異文化への順応性の違いがある。そうした違いを承知した上で、何とか彼らを、こちらの社会の仕組みの方に招き入れ、その中で同化の歩みをしていってもらうしかない。社会のシステムへの彼らの参加を手助けしていくこと、つまり統合のサポートということが鍵だと思うようになりました。

統合コースを立ち上げた時、僕は彼らが「仕事」や「自立」というものに近づくための手伝いがしたかったんですよ。そういうやり方が僕の性格や哲学に合っていると考えたんですね。

最初は、参加者は三人とか四人くらい。よしわかった、じゃあ七時開始くらいでやってみよう、ということでスタートした。次第に人数が増え、でもやめていく人たちもいる。いろいろ準備して出かけていったら誰も来なくて僕一人という日もありました。難民ハイムに出向いて、毎週こんなことをやってるよ、と知らせたこともありました。そうしたら二五人くらいやってきたのかな。翌週はまた別の人たちが口コミできたりして、そんなふうにして何とか続いています。とはいえ、メンバーがコロコロ変わるので名前を覚えるのも実は結構難しい。それから、この時間厳守ってことを学んでもらうのもなかなか大変です（笑）。七時開始といってても、まあ七時四五分とかにくるわけですよ。それをせめて七時半にきてもらうようにしたりとか。

といっても、彼らはみなフレンドリーですよ。中にはここにきて、ずっとだまっていて何も得ていないように見える人もいる。でもそれでも僕はかまわない。もしかしたら、ある日、なにかが役に立ったりするかもしれないからね。いずれにせよ、彼らにまずわかってもらいたいのは、なんとかやる気やモチベーションを保つこと、そして言葉を覚えないとどうにもならないということ、ですかね。

クリストフの主催する統合コースは毎週木曜の夜、七時から。教室は町の教会の集会室だ。私が見学に訪れた日は、パキスタン、イラク、パレスチナなどから、合計七人の参加者（全員男性）があった。そのうちの一人が、たまたまその日、大学入学許可を得たというので、まず

はみんなで口々に「おめでとう」と祝う。私がいたこともあり、簡単に全員が自己紹介をしてから、クリストフが二分間のニュース動画をコンピューターのスクリーンで見せる。その日のトピックとなった国内外の五つのニュースについて、クリストフが補足説明をし、参加者から質問が飛び交う。ドイツ語がかなり上手な人もいれば、まだほとんどわからない人も。積極的にディスカッションに参加する人もいれば、一言も発言しない人もいる。

参加者の一人が、「こんないいのがあるよ」と言って、難民向けにアラビア語とドイツ語のバイリンガルでドイツのニュースを解説しているサイトを皆に紹介する。クリストフも、「どれどれ」と感心しながら画面を覗《のぞ》き込む。あっという間に一時間半のクラスが終わり、飲み物の瓶をみんなできちんと片付けてから、それぞれのハイムへと徒歩、自転車、トラムなどで帰っていった。

難民と関わるようになって二年くらいになりますが、支援する側の一人一人の暮らしの状態っていうんですか、経済的なこと、家族との関係、本人の仕事のことなどが、どの程度、安定しているか、余裕があるか、ということも決して無視できないな、ということを痛感していま す。自分の暮らしや精神状態がギリギリの状態で、なかなか人助けなんてできるもんじゃない。また、相手との関わり方や、相手の抱えているものなどにより、こちらの感情的負担が非常に

重くなってくることもある。そういうところから自分を守らないと続かないですよね。最初はシンプルな善意から始めたとしても、しばらくすると、なんで自分はこれをやってるんだろうか、と自問する段階が来たりもする。

もう一つ、この難民問題を見ていてこの頃思うのは、これと非常によく似た感じを一九八九年に僕たちは味わったなあということです。あの時、ベルリンの壁が崩壊して、東側からどっと人が来た。緊急事態です。それで助けたい、力になりたい、という気持ち、連帯感がすごく盛り上がりましたね。わーっと盛り上がった。で、そのうち、その盛り上がりはしぼんで、酔いから覚める段階が来るんだけれど、その中には引き続き、支援をする人もたくさんいた。こういう行動パターンはある意味、典型的にドイツ的なのかもしれません。

あと、ドイツは経済的に発展して比較的安定した大国になった。失業率も他の欧州隣国よりは低い。ということで、自分たちは恵まれている、ならば国を挙げて人助けをしようじゃないか。こういう心理メカニズムもあるんじゃないでしょうか。

ウルスラ

「最初の一歩、そこに近づいていく、境界を越えること。それが難しいのです」

マンハイム郊外、人口四万人の町で市役所に勤める女性、五〇代。町内の難民ハイムに定期的に通い、住民たちの生活や手続きに関するさまざまなサポートをボランティアで行っている。トイレの掃除当番をサボる人には容赦なく小言を言い、ドイツ語が上達した人には最大級の賛辞を贈り、落ち込んでいる人には無言でハグ。ウルスラのそんな自然体の接し方が伝わるのだろう、彼らから「僕たちのお母さん」と呼ばれて慕われている。その経験を買われ、仕事場の役所の方でも難民支援を担当する部署に請われて異動。公私それぞれの立場で難民と関わってきた経験を通じ、「学んだことは計り知れない」という。

本書の冒頭で紹介した難民ハイムに、休日返上で私を案内してくれたのもウルスラだった。私たちの到着を知らされていた難民たちの何人かが、夕方五時の約束を、ドイツ語の不自由さから「正午」と誤解して、昼から玄関前でずっと待っていてくれたようだった。ウルスラはひどく恐縮し、何度も「ごめんなさい」と謝るが、それに対し、彼らは大きな笑顔で「全然問題ない。何時でも大歓迎だよ」と言って、私たちをニコニコ顔で迎えてくれたのだった。

「抽象的な難民」から、「具体的な人間」に

「ホンモノの難民」に初めて会ったのは、一年半ほど前、職場の引っ越しの日でした。引越し会社の人の中に、黒人が一人いたんです。ソマリア出身とのことでした。「どこに住んでるの?」と聞いたら、ヌブリング通り一二番地だって言うんですが、それ、私の家のすぐ近くだったんですね。それで思い出したんです、そうだ、そうだ、その住所には、この町で最初の難民ハイムが造られたって聞いたことがあったんだったわ、と。そこに入ってもう一年半になる、と彼は言いましたが、すでにドイツ語も少し話せました。それにこうやって、ちゃんと引っ越し屋で仕事をしていましたし。

そのハイムは、このたびの大量難民流入より前にすでにあったもので、そこでは一つの建物に八八人の難民が住んでいたんですね、その頃。そこの住民が街を歩いているのを見かけたこともそういえばあったけれど、でも彼らが一体どうやって暮らしているのか、どんなふうに一

日を過ごしているのか、どうやってここにきて、どんなストーリーをそれぞれが生きているか、そういうことは全くわからなかった。とても抽象的だったんですよね。

ところがこの引っ越しの時に、そんな中の一人と個人的に出会った。言葉も交わした。それが、今にして思えば、私にとっては一つのきっかけだった。とてもラッキーな出会いでした。すでに難民問題には興味を持っていたし、何かお手伝いできることもあるのかもしれないと漠然と思っていましたが、中に見知らぬ八八人の男性が住んでいる建物に女一人で出かけていく勇気がなかったのです。そう、恐れの感情というものが、やはり私にもあったのです。

その引っ越しの日の一カ月か二カ月後、知り合いの神父さんの家に食事に呼ばれて行ったのですが、その時、エリトリア出身の女性が一人いたんです。彼女はもう二〇～三〇年間、ドイツに住んでいて、ドイツ語もとても上手でした。その彼女がね、また別の難民ハイムのことを話してくれたんです。なんでも彼女と数人の仲間たちが、そこでボランティアをしているということでした。キャンプの住人がドイツ語の学校や仕事を探したりするのを手伝ったり、日常生活の細々としたことのお手伝い、洋服を持って行くとか、日用品の調達といったことですが、そんな活動をしている、そして人手を必要としていると聞いたのです。

「本当？　だったら私、行ってみます」とその場で申し出ました。引っ越し屋の彼と出会っていなかったら、自分がこういうリアクションをしたかどうかは、正直なところわからないで

難民の子どもを抱いてあやすウルスラ。

すね。いや、きっとしなかったでしょう。なにしろ、漠然と「恐い」と思っていたわけですから。

翌週、早速、エリトリアの彼女と一緒にそのハイムへ行きました。そこは古い一軒家で、五〇人の男性が六つの部屋に分かれて住んでいました。彼女にみんなを紹介されたのですが、彼らと打ち解け合うことは、本当に驚くほどシンプルでたやすいことだったのでした。みんなとってもオープンでフレンドリーでしたから。エリトリアの女性と、もう一回一緒に行って、その後は一人で毎週出かけるようになりました。

このエリトリアの彼女に限らず、難民支援に際し、自らが難民や移民としてドイツにやってきた前の世代の人たちもまた、ずいぶん力になっていますよ。言語的、文化的な架け橋の存在でもあり、とても頼もしいですね。

さて、そうして通い始めたハイム。そこにはエリトリアの人たち、パキスタンの人たち、ソマリアの人たち、イラクやチュニジア、イランの人も住んでいました。みんなすごく人懐こくて、私が出かけていくと、おお、こんにちは、一緒にコーヒー飲みましょう、というような感じでね。全く問題ないんです。それに彼らも、私が彼らの役に立ちたくてここに来てるってことがわかりますからね。喜んで迎えてくれるんですよ。でもお手伝いっていったって、別に大したことじゃないんです。彼らは、誰かと話がしたい、話を聞いてくれる人がいたら嬉しい、そういうことなんですね。

最初は週一回でしたがもう少し頻繁に、週に二〜三回、行くようになりましたね。私も彼らのことがとても好きになりました。オープンで感じのよい人たちばかりで。正直、驚きました、彼らがこんなオープンな人たちだってこと。というのもドイツでは、誰もが個人主義的に自分たちのために生きていますから。

たとえば、彼らに電話をしますよね、何か必要なことがあるかと思って。するとね、いつもまず彼らは、私が元気にしているか、困ったことないかって最初に聞いてくるんですよ。そんなこと、ドイツ人相手ではありえない（笑）。ドイツ人は、私も含めてですけど、用件とか問題とか、つまり「何かについて」話しますからね。ずいぶん違うもんだな、と驚きながら、というわけで私は、彼らが私のことを気にかけてくれている、案じてくれている、ということがわかったんです。つまり、私が彼らに何かをしてあげる、という一方通行的なことでなくて、彼らも私のことを気にかけてくれる、そういう人間関係なんだという発見がすごく新鮮でした。彼らから学ぶことはすごく多い。今でも学び続けています。

役所の内部から見えてきた難民問題の政治的側面

そもそもどうして難民問題に興味を抱くようになったか。そうですね、私は彼らのストーリーに関心があった。自分には想像もつかない彼らの人生の、暮らしのストーリー。他方、彼らにはサポートが必要ということも感じていました。だって、彼らが住み始める前、あの家には誰も住んでいなかったのですから。荒れ果てた空き家に、急に異国からの人たちが集団で住み始めた。家の状態もさぞかし悪かったことでしょう。足りないもの、不便なこともいろいろあるでしょう。

普通のドイツ人にとって、そんな家の中にこちらの方から「こんにちは」と言って入っていく、その境界線を越えるのは簡単なことじゃありません。恐怖感だってあるでしょう。けれど、私も含め、手助けしたいという気持ちのある人間はたくさんいるんです。ただどうやっていいかわからない。最初の一歩、そこに近づいていく、境界を越えることが、とても難しいのです。

でも、私がこういうことをしていると知って、一緒に連れていってくれますか、私も何かお役に立ちたいから、と言ってくる人が結構いましたよ。今、私を含めて六人が、定期的に訪問し、いろいろなことでお手伝いをしています。話を聞いたり、オフィシャルな手紙を書くようなことも含めた事務手続き、あとは家の設備の故障や不具合のことなんかでも。それにね、私だって彼らに手伝ってもらうことがあるんですよ。たとえば、明日、大きな家具を運ぶの手伝ってくれないかしら、と頼んだりね。彼らは喜んで手を貸してくれますよ。

私自身の仕事は市役所の公務員です。もともとはアーカイブ課で働いていたのですが、去年（二〇一五年）の八月、夏休みから帰って来たら、同じ市役所の市民課（Sozialamt）から連絡があって、こちらの方で六週間、手伝ってもらえないか、と。「あなたが、すでに難民の人たちと個人的にコンタクトがあると聞いたので、その経験を役立ててもらえないか」と言われたんですよ。

なにしろその頃、ドイツにたくさんの難民がいちどきに押し寄せていて、この街でも最初の大掛かりなキャンプを役所主導でスタートするところでした。市民課は仕事があふれかえっていて、マンパワーが全く足りていなかったんですね。

「もちろんですよ」と二つ返事で市民課の方に緊急支援に行ったんですが、結局、そのままそこで、と請われ、正式に部署を異動して、以来、そちらで働いています。そんなわけで、仕事でもたくさんの難民の方とコンタクトがあります。書類の書き方を手伝ったり、不備を正したり。お役所の書類手続きは彼らにとってもとても大切なことなので、仕事は無限にあります(笑)。あとはドイツ語のコースや仕事を見つけることなんかも、この課で担当しています。

ドイツ語コースはもうどこも満員ですね。普通の語学学校のほか、ボランティアによるドイツ語コースもたくさんあります。

ボランティアといえば、その最初の大きなキャンプがオープンした時には、本当にたくさんの市民がボランティアを申し出ました。四〇〇人、五〇〇人もの人たちの名前が連なったリストができました。いろいろな分野でのお手伝い、ドイツ語を教えること、街を案内すること、買い物の手助けをすること、などなど、そうしたボランティアを適材適所に振り分け、スケジュールを組むようなことも市民課の仕事になりました。

どうしてこんなにたくさんの人がボランティアをしたいと名乗りを上げたのか。まず、この街自体が、とても平和で住民たちにとって住み心地の良いコミュニティであったということがあるかと思います。町のサイズも、あまり大きくなく小さすぎもしない。大都会と比べるとまだお互いをよく知っている。なんとなく気心が知れているサイズですね。生活程度も、大金持ちではないけれど、まぁまぁのレベルを皆が享受している。困っている人に分けてあげることができる。

本当に多くの人から電話がかかってきましたよ。お金をたくさんあげることはできないけど、洋服や家具など、もし使っていただけるならぜひ、というような申し出も山のようにありました。それにリアクションは非常に早かった。あっという間にボランティアが集まりましたね。あれから一年近く経ちましたが、今もまだ、同じ状況です。

でもドイツ国内ではそうでない街だってたくさんあると思います。あまりボランティアが集まらないコミュニティもあると聞いています。難民受け入れに関する市民の態度というのは、場所によって随分違うでしょうね。一般に、ミュンヘンやベルリンのような大きな街はたくさんの市民サポートがあるけど、小規模の街ではうまくいってないところも多いようですね。あと、旧東ドイツは、難民反対の空気が濃いですね。それは、彼ら自身の暮らしが、私たちの町のように安定しておらず、失業率が高く、生活不安があるということと決して無縁ではないと思います。

一般的な傾向として、ドイツにおける難民支援の取り組みに占める「市民参加」の比重は非常に高い。いちどきに大量の難民が訪れたために、国や地方自治体は完全に許容範囲を超えてしまった。キャンプの開設などのインフラは国や地方自治体といった「公」が担うが、それ以外にまではなかなか手が回らず、ソフトパワーの面では市民頼りの部分が多いのが現状だ。報道などで目にする「難民ウェルカム」のイメージの多くは、市民レベルのものであり、むしろ当局がそこに「乗っかっているのだ」という声もよく耳にした。またドイツは連邦国家であるため、各州（ブンデスラント）ごとに独自のシステムで難民を受け入れており、市民レベルの活動もまた、地方色が非常に濃い。Pro Asyl[26]という難民支援に関わる全国展開のNGOのサイトでは、州ごとに展開されている市民のサポートグループが系統立ててリストアップされており、住民たちは「私が住んでいる市や町でどんなふうにして具体的に関わることができるか。どこのグループにコンタクトをとったらいいか」といったことを簡単に検索することができる。

役所での仕事を通じて実感すること、それはペーパーワークの大変さ。難民申請者として、どんなステータスになるのか、それぞれ個別のケースに応じたプロセスはどうなっているのか、学校や就業、職業訓練、住居など、どういうオプションがあるのか。そういう煩雑な手続きが

26　Pro Asyl は難民協議会、教会、労働組合、福祉・人権団体などのメンバーにより一九八六年に創設された組織。排外的右翼団体などによる反難民感情を押しとどめ、迫害の犠牲者たちを保護することを目的としている。運営は寄付金によってまかなわれ、政治的、財政的に中立。ゲッティンゲン平和賞（二〇一二年）など、受賞歴多数。四七ページの脚注18も参照。

あり、そのリテラシーを獲得するのはものすごく大変です。私の仕事には、そうした情報を広く開示し、情報アクセスや理解へのサポートをすることも含まれています。

あふれる難民の人たち。とにかく役立ちたい、力になりたいという思いで、仕事の上でも人事異動の提案を受けて即断したわけですが、実際にその中に身を置いてみると、この難民問題には極めて政治的な側面があることも見えてきました。外交や経済、人道的責任、そして党利党略といった思惑。非常に複合的で複雑なカラクリや仕組みの一部に身を置きつつ、私だったらそうはやらない、それは違うんじゃないか、と感じることも少なくありません。まあそれは確かにそうですが、いずれにしても、一挙に全てを解決するビッグ・ステップなどということは、個人でも、また地方の役所でもそもそも無理なので、小さなステップを一つ一つ、という気持ちで取り組んでいます。

そうした経験を通じて実感したんです。最も大切なことは、人々をバラバラにするのでなく、連帯の方向に引き込んでいくということだ、と。ドイツ人に、難民たちだってあなたたちと同じなんだよ、同じ人間なんだよ、ということを見せ続けていくこと。遠い国から来ている人たちだけれど、安全な暮らしとか、自由のある暮らし、普通に暮らせるだけのお金、そういうことを希望するのはどんな人間だって同じです。

彼らは難民として、政府から資金援助を受けます。州によって額や条件は異なりますが、ここでは普通は月に三〇〇～三五〇ユーロ。そのお金で必要なものを工面しなければならない。ところが私が出会った人の多くは、そういうお金をもらうことが本当は嫌なのです。自分で働いてお金を稼ぎたい。そして、ドイツからもらうだけでなく、ドイツにお返しがしたいと本当にそう感じている。はい、ドイツに来ました、これください、あれしてください、というふうには彼らは思わない。まあそういう人もいるけれど、ほとんどの人は、自分の足で立って、自立したいと思っている。

もちろん出身国による大まかな態度の違いということもありますね。シリアからの人たちというのは一般に、教育程度も高く、だからここに来て、すぐに仕事をしたい、そして自分でアパートの家賃も払って自活したい、と当然のように希望するわけですよ。そういう彼らに、いや、すぐにはできない、時間がかかる、ということを納得してもらうのは難しいことです。たとえば、最初の三カ月は仕事をしてはいけない。法律上そうなっています。さらに、そもそも仕事を見つけるのはとても難しい。それは役所が定める仕組みのせいという側面もある。二カ月や三カ月の実習や職業訓練を受けるために提出しなければいけない書類の多さといったら。まず移民課に書類を送り、それが次に労働局へ行く。彼らの職業実習のために、雇用者は最低賃金を払わなければいけない、年齢制限は五〇歳などなど、いろんな条件が出てきます。そういうことを一つ一つクリアしていくためには膨大な時間がかかる。そういう法律になっていま

難民が常にバッグに入れて持ち歩いている書類の多さは、いかにお役所手続きが煩雑であるかを物語っている。

すから。

エリトリアとかスーダンなど、アフリカからの人たちは比較的、「時間がかかること」をたやすく受け入れるんですが、シリアの人にはそれが難しい。ひとくちに難民といっても、バックグラウンド、文化、教育程度の違いなど、本当にさまざまです。私がボランティアで関わっているハイムでも、働きたくても働けないでいる人たちがたくさんいます。手続きが比較的早く行く人もあれば、すごく長く待たされる人もいる。まずは語学を習得する必要がある。でも故郷で学校に行ってない人だっている。

文化の違いもあって、まず、時間厳守というコンセプトをわかってもらうことからすでに大変なんです（笑）。もし仕事に就きたいのだとしたら、仕事の時間に三〇分遅れていくわけにはいかないでしょう。そういうことをまず学ばないと始まらない。七時と言われたら、ドイツではそれは本当に七時を意味しているのだ、ということを。

ハイムでの日々の暮らしにおいても、文化的な背景の違いがまた問題になりますね。彼らの故郷では、男性は料理や掃除をしない人が多い。同じ通りにはもう一軒ハイムがあります。そちらには家族連れもいるんですが、彼らは、ロシアからの人たち。第二次大戦前はドイツ人だった人たちなんですね。で、今、難民として家族でここにきている。女性がいる家族というのは、やはり家も綺麗なんです。ソマリア人たちのフラットもあるんですが、そこも綺麗。片や男性専用ハイムの方はといえば、清潔にしなくちゃねと言っても、「僕らの国ではそれは女の仕事」とか言って、まあ涼しい顔してる（笑）。最初の頃、トイレなんか、それはそれはひどいもんでした。だいぶマシになってきましたけどね。料理なんてしたことない人もたくさんいる。

本当に、少しずつ、一歩一歩ゆっくりですよ。

スザンナ

「夜、道端で寝てる人と関わることで、マイナス一〇度のところで人が寝るってどういうことなのか、という気づきが起きる、目が開かれるんだよ。そういう気づきをきっかけに、人って政治的な存在になっていくんじゃないかな」

ドイツ北部出身。三〇代女性。一五年前に、ゲイライツ（同性愛者の権利擁護）の運動をしていた友人に誘われて、当時住んでいたハンブルクからベルリンに移住。イベントマネージメントの仕事をしつつ、大学に入学してソーシャルワークの勉強をしている。若い頃から「政治的な活動にずっと関わってきた」という。その理由は、「人種差別、白人至上主義、その他、あらゆる不寛容が昔から大嫌いだった」から。ゲイライツのほか、反ファシズム、囚人の人権サポートなどの活動に携わってきた経験がある。

住まいのあるクロイツベルク（アーティストなど自由業の人たちに人気のエリア）の

バーで仕事が終わった後に待ち合わせ。「昨日たくさん飲みすぎちゃったから、今日はノンアルコールにしとくわ」と言って、アイスティーを注文。赤い髪にたくさんの刺青《タトゥー》。革ジャンにハードなブーツ。タバコをたくさん吸い、言葉遣いも勇ましい。反面、ふとした時の横顔は、ふわっと柔らかくて可愛らしいし、難民の友だちの話で感極まって涙を浮かべるような瞬間も。英語がとても上手なので「どこで覚えたの？」と聞くと、「外国人の友だち、たくさんいるし、フラットをシェアしてきたルームメートもそういう人が多かったから、いつの間にかなんとなく自然に」と。難民支援への関わりをきっかけに、今は「アラビア語も勉強中」と言う。

「洗濯したければうちにおいでよ」

この難民クライシスが起きてすぐの頃、自分も何かやりたいと思ったの。最初のとっかかりは彼らの寝泊まりのお世話を手伝うことでした。

道にたくさんの難民があふれている。寝泊まりするところがない人たち。そういう彼らにね、違法な仕方で屋根を提供するような活動があったんです。たとえば、あるレストランがあって、日中は普通のレストランなんだけど、夜は床にマットレスを敷いて、泊まるところのない難民をそこで寝かせるということをやっていた。そこでいろいろ手伝うようになったのが最初の関わりでした。二〇一五年の一〇月頃だったけど、このレストランみたいな活動は、ベルリン市内のあちこちでもう夏には始まっていたわね。夏の間はまだよかったけど、秋になってだんだん寒くなるから、もう絶対必要なことでした。

どうしてこういう活動が違法かっていうと、難民申請者は最初の数カ月は当局によって振り分けられたキャンプに住む義務があるから。でも、とにかくその振り分け作業がまったく追いつかなくて、それで道に人があふれるっていう状況が起きていたんです。

で、そのレストランね、人を泊めてあげるのはいいんだけど、シャワーってものがないんですね。レストランだから。それ見て「もしシャワー浴びたかったら、あと、洋服の洗濯やなんかしたかったらうちにおいでよ」って彼らに声かけたんです、ごく自然にね。でも彼らはシャイでなかなか提案を受け入れようとしない。人に負うてばかりいたくない、という人間の誇りね。いくらにおいが臭くても汚くても、誇りを失いたくないっていう。

でもまあ、しばらく経って、シリア人の二人が私のフラットにやってきたの。私自身、ルームメートとフラットをシェアしてたんだけど、彼には「困ってる難民の人がいるからガールフレンドのところにしばらく行っててくんないかな」と聞いた。そしたら、「もちろんオッケーだよ」ってことで、それで部屋が一つ空いたから。というわけでこの二人、三カ月間、私の家に住みました。一人はアフマン。シリアのホムスから。もう一人はサイード。ダマスカスの人。

あ、サイードは二日前から合法です！　彼の難民申請が受諾されたの！（と言って嬉しそうにガッツポーズ）

ああ、でも彼のストーリーは悲劇そのものだったわ。まず、昨年（二〇一五年）のクリスマス・マーケットでドイツから発行されてた身分証明書を紛失しちゃったの。これでまたシリアに戻らなくちゃいけない、と、もう大パニック。「大丈夫、私だって身分証明書なんて何度もなくしてるわよ」と彼を励まし、一緒に警察に行きました。紛失届を出しに。

すると警察はすぐにコンピューターで彼を検索した。その写真では、逃亡で受けた傷もあったし、何しろ大変な長旅の後で、彼は二六歳なのに、まるでおじいさんみたいな容貌。でも、幸いなことに最終的には彼の言うことが信用された。そうならない可能性だって十分あったんです。なぜなら、こんなふうに偽の身分証明書を入手しようとする人はいくらでもいますからね。その後、移民局に電話したけど誰も出ない。だから今度はニュルンベルクの本庁に電話した。そしたら移民局の別の支部に行けという。その支部はすっごく混んでるんですよ。大晦日のことでした。とにかくすごい人の数。そして警備の人はとっても感じが悪かった。

こういう経験を経て、私もいろんなことを学びました。こういうお役所的なところ、あるいはどこでもそうだろうけど、人間の心理ってことをよく観察して、それをうまく使うことがすごく大切だってことを学んだ。自分の敵は誰か、味方は誰かということを判断する力っていうのかな。

たとえば、窓口の人の壁に猫の写真があるとする。ああ、猫が好きなんだな、この人は、と。で、猫の話なんかちょっとしてみる。どんなに無愛想に見える人であっても、その人の感情に話しかけることで開く扉というものがある。猫の話なんかをきっかけにね、本当にうまくいったりするんですよ。

普通はこういうお役所的な人たちって私、好きじゃないんだけど、背に腹は代えられない。それに、役人がみんな悪い人なんてことは全然なくて、中には本当にいい人もいる。私にとっては、そんなことも大発見だった。

ま、そんなわけで、この身分証明書の件ではあちこちたらい回しにされ、何度も無駄骨を折り、強面《こわもて》から親切なおばあさんまで、いろんなタイプの役人とのやりとりを経て、とにかく最終的には再発行までこぎつけた。役所や警察だって混乱してるし、正しい情報持ってないことも多い。警察で彼らの情報の誤りを「いや、そうじゃないと思います」と指摘したことがあったんだけど、そしたら警察官、笑い出して、「あんた、俺たちより手続き、よくわかってるじゃないか」と。いやはや、難民を助けるためには、助ける側のリテラシーを常にアップデートして事情に通じてる必要があることを痛感しましたね。

難民の友人たち（スザンナはいつも難民のことを「友人」と呼んでいた）は「手伝ってくれて

ありがとう」って言うんだけど、彼らのおかげで私の方こそ、すごくいろんなことを学ぶわけだから、ありがとうはお互い様なんだよね。

サイドのためのフラット探しも一緒にしました。そして、とてもいい感じのフラットを見つけたんですよ。ところがそのオーナー、双子の女性だったんだけど、これがね、難民騒ぎにつけ込んですごいあこぎなお金儲けしてるわけ。難民に部屋貸すんだけど、最初は安い家賃なのに、なんだかどんどん値上がりしていくような仕組みになってて、最終的には二人一部屋で、家賃が月一〇〇〇ユーロ。それ、ぼったくりでしょう。当時、残念ながらそんなふうに金儲けしてる人、たくさんいたんですが、一応、今はそういうのは禁止された。申告もせずに闇で難民にフラット貸すようなことは禁止になった。あ、もちろん、家賃取らずに自分の家に難民を住まわせるのはオッケーですよ。

それにしても、困惑したのは、私は、仕事して、大学の勉強して、難民のサポートもして、とにかくめちゃくちゃ忙しくてフラットの掃除なんて全然してないわけでしょう。洗濯もろくろくしてなかった。そしたらこの難民フレンズの二人、フラットを綺麗に掃除してくれて、私の洗濯もやってくれちゃうわけ、それも下着まで‼「こんなことしなくていいよ」って言ったのに「たいしたことないから」って。それに毎日、私がヘトヘトに疲れて遅く帰宅すると、ご飯も用意してくれていてね。

お役所と私

さっき、サイードの身分証明書の話をしたけど、ともかくさまざまな手続きがどれだけ大変かってこと、私もすぐにわかったので、そういう方面でもいろいろ奔走するようになりました。うちに住んでた二人だけじゃなくって、ほかの難民フレンズたちのケースでもね。

こうした手続き、驚くほど煩雑だし、彼らが一人で行ってもなかなか窓口に辿り着けない。ところがドイツ人が一緒についていくとやっぱり流れが俄然《がぜん》スムーズになるわけよ。同伴するドイツ人が、どうやって窓口の役人に話すといいかを心得てると、さらにいい。彼らにしても、その方が話が早いし、助かるわけでね。

とはいっても、私も最初に行った時はあまりに状況が悲惨で泣いてしまった。本当よ。警備員たちはすごく乱暴で感じ悪い。そこに怖い犬もいたりして。それが時折、吠えたりする。暴力的なシーンもある。そんなシーンを目の当たりにして、とっさに「あんたたち、いい加減にしなよ」と止めに入りたくなった。でも、そういうことすると、せっかく難民を助けたいと思っても、自分がブラックリストに載っちゃってそれが出来なくなる、ということをすぐに理解したんですよ。口を開いたらおしまい、友人たちを手伝えなくなっちゃう。

それから経験積んで、当局って、中には感じ悪い人もいるけど、まあこっちがドイツ人で礼儀正しく振る舞えば普通は大丈夫ってことがわかった、こんな私みたいなのでもね（笑）。馬鹿馬鹿しい人種差別的な話だけれど。

難民の人たち、何とか窓口に辿り着いても、書類の受け渡しするのが精一杯でしょう。追加の質問したり、交渉したりなんてできるわけない。できる雰囲気じゃない。時にはそこに通訳者がいることもありますけど、言葉のハンディも大きい。私が難民に同行するときは私が適当に通訳します。必要に駆られて、ちょっとアラビア語も学んだし。でもそれよりも私は、前もって書類を見せてもらって、何か不備がありそうだったらそこを指摘して、それで窓口に行く。こっちも作戦立てないとね。

手続きといえば、こんなこともあったわ。

ある男性に会ったんです、シリアからドイツに来た人。彼は勉強したかったから逃げてきた。すでに完璧に英語を話し、すごく言葉の才能がある。その彼がすっかりしょげ返っちゃってね。「スザンナ、僕がシリアにいた時、ドイツってもっと違うことイメージしてたよ。ドイツのこの官僚システム、ペーパーワーク半端じゃない、すごくややこしい。就ける仕事もすごく限られている。がっかりだ」なんてことを言う。

「わかるけどね、でもドイツには社会保障システムがある。たとえばあなたのお母さんが病気になったからっていって、あなたが学校やめて働いたりしなくてもいいようなシステムがある。どんな国にもいいことと悪いことがあるんだよ」と答えたわ。

とにかく、その彼と一緒に役所に行く用事があった。最初、私は入室を許されなかった。でも、弁護士の一筆がその書類にはあって、私の同伴を認めていたので、まあ一緒に入ることを許されたんですね。問題はダブリン協定のことでした。

一足先に来ていたお兄さんを頼って彼はドイツにやってきたんだけど、途中、すでにハンガリーで強制的に指紋を取られ、難民登録されちゃってたんですよ。彼はハンガリーで牢屋にぶち込まれ、拷問も受けていた。ひどいコンディションだったらしいんです。せっかくドイツに来たけどこのままじゃ、ハンガリーに送り返されるというんで、私もひどく驚いて、Pro AsylというNGO[27]にまず相談に行った。どうしたらいいか、教えてもらおうと思って。そして知ったんです、シリア難民に関しては、ダブリン協定があるにもかかわらず、人道的な見地からハンガリーに送り返されることはない、ということを。彼らのアドバイスを受けて、弁護士のレターも書いてもらい、一緒にオフィスに行った。弁護士費用？　ああ、それは国が負担してくれましたよ。

担当は年配の女性でした。部屋ではケーキと紅茶が出され、ベートーヴェンかなんかの音楽

27　一四一ページ脚注26参照。

がかかってて、わかります？　エリザベス女王みたいな握手するような女性ね。背後の壁には「○○さま、反テロリストの功績に感謝します」とメッセージが書かれた写真が貼ってあった。ああ、これはやばい相手かもってとっさに思ったんですよ。この人、私みたいな左翼の活動家のことはさぞかし嫌いだろうなあと。

　ところがこれがなかなかいい人で（笑）。コンピューターで彼のことを検索して、私と彼が同じ住所に登録されてるのはなぜですかと聞いてくる。「あ、それはあの、オフィシャルってわけじゃなく、手紙とか来た時に受取人不明でサインできなかったりすると不便と思って、そういうふうにしてあるんです」と、ややしどろもどろに答えた。なぜって、彼が実際、うちに住んでたわけじゃないからね。そしたら彼女、「ああ、そうですか。ドイツ人がみんなあなたみたいに、難民一人ずつを家に受け入れていれば、どれだけ問題は簡単だったことでしょう」なんてこと言うんですよ。適当な住所登録の件は、そのままうやむやにしてくれた。人って話してみないとわかんないもんだな、と、なんだか感動しちゃってね。

　こんなこともありました。ある日、シリア人六人と一緒に難民申請登録のために当局に行ったことがあったんだけど、どうもその朝、フロア全体のコンピューターが突然クラッシュしたらしいんです。みんなパニックになってて雰囲気も殺伐としていてすごく悪い。どこの窓口も長蛇の列。そしたらその列に並んでたトルコ系の人、難民じゃなくて、もうこっちに長く住んでるっぽい人がね、「全くこの難民たちのせいで」みたいなことを言う。私、すっごくムカついて「何言ってんですか」と嚙《か》み付いたの。そしたら「こいつらのせいで俺のアポも取れやしないんだ」と言って、あからさまに難民たちを指差すんです。

「でもそれは政府が人員を削減したせいでしょう。彼らは完全にキャパ超えてる。間に合ってないんですよ。仕方ないじゃない」と私も言い返した。そしたらそいつが言うんです。

「あんた女のくせになんだよ、俺に向かってその態度は」

「なんですって、今度はセクシストってわけ？　何さ、あんたみたいな人が、ケルンの事件の時に大騒ぎした口でしょうが。今、自分が同じことやってるんじゃないのよ！」

そう反論しながら、もちろん私だって心臓バクバクよ。

この間、周りにいた人は誰も何も言わなかった。ところがそのあと、用事を無事に済ませ、電車の駅の方に向かって歩いてる時に、みんなが私の方に微笑んで「グッドジョブ！」みたいに親指つきたてたりするんだけど、だったらなんでさっき、何も言わないんだよ、と。別に喧嘩しなくてていいけど、静かな口調で何か言ってくれてもいいじゃないですか。

あのトルコの彼だって、もともとは難民か移民だった。幸いにして、私はそのことを言わなかった。もし言っていたら、彼と同じレベルになっちゃうからね。感情をコントロールするのが本当に難しい局面にね、こうしてたびたび出会うのよ。

二人のその後
そうそう、うちの二人のことだったわね。サイードのインタビューに一緒について行ったんです。難民申請してしばらく経つと、インタビューに呼ばれるんですよ。申請から呼び出しまで数カ月の場合もあれば、数年という場合もあるみたい。彼の場合は比較的、早かったですね。インタビューでは、これまでの経過、辿ってきた人生について、なぜ逃げなければいけなかったかっていうようなことを次々聞かれて、その結果で申請が下りるか下りないかが決まる。警察の尋問みたいな感じ。びっくりですよ、どうやって攻めていくか。たとえば二〇の質問をする。その後、急に二番目の質問に戻る。そうやって、言質《げんち》に矛盾がないか調べるんですね。時間軸のこととか、家族構成のこととか、矛盾がないかをね。こういう仕事に就くにも、国家試験が必要で、彼ら、ちゃんと法律の勉強をしてるし、それなりのトレーニングを受けてるんですよね。
サイードのインタビュアー、女性でしたけど、幸いにしてとても感じが良くってね。「ドイツはあなたのような人を必要としています」なんてことをサイードに言うの。
そのインタビューに同席して初めて知ったんだけど、彼はもともとシリアで介護士として働いていたんですね。で、内戦が起きた時に、彼の親の家を仮設病院みたいにして、怪我人を受け入れてそこで働いていたんですって。そのインタビューではオフィシャルな通訳も付いていたから、私にも彼のそうした事情が初めてわかったの。数カ月一緒に暮らしていても、言葉の壁があるので、彼が一生懸命説明してくれても細かいこと、わかんないまんまじゃない。

私は彼のためにドイツ語のコースを紹介したりしましたが、彼はそもそもアラビア語でもあんまりきちんと読み書きできない感じでした。お父さんが早くに亡くなっていて、ちゃんと教育受ける機会がなかったんだね、きっと。学校行ったけど、途中でやめて仕事してお母さんを支えなくてはいけなかったから。そんな彼にはドイツ語の勉強はとても大変。学校斡旋して、アルファベットのＡＢＣ覚えるところから私も手伝ったけど、彼には難しすぎて、モチベーションがなかなか続かないんですね。

でも今、彼は幼稚園で働いていますよ。ジョブセンターっていう役所が仕事の口を斡旋してくれてね。彼は学校で習うより、こうやって子ども相手に言葉を覚えていくような仕方の方が合ってるんじゃないかな。

あと、彼はやっぱり相当なトラウマがあると思う。内戦が起こった時、彼らの住んでた地区は食べ物がなくなって、木の実食べたりしないといけなかったらしいんです。その思い出のせいだかどうだかわからないけど、だから彼は今もご飯があんまり食べられない。最初に会った時なんて、なんと三〇キロくらいしかなかった。食べるようになんとか仕向けてやらないと食べない。一種の摂食障害になってるんですね。で、いつも怯《おび》えてる感じで、うちに住んでた頃、四六時中、彼は私から離れようとしなかった。私が医者に行こうとしてもついてこようとする。一人でいたくなかったんですね。せっかくあなたの部屋があるんだから、ここはキャンプじゃないんだから、何の心配もないじゃない、って言ってもなかなかね。今は、私のところを出て、別の年配の女性のところで間借りして暮らしてます。ご飯、食べてるかなあ。その大家さんから時々メッセージが来て、なんとかやってるらしいことはわかるけど。

もう一人のアフマンの方は、インタビューはあったけど、まだ返事待ち状態です。でも彼はもう随分前から仕事をしてますよ。私のフラットにいた頃から、警備の仕事か警察の仕事がしたいって言ってたけど、「ウッソォ、そんな大変な仕事、やめたほうがいいんじゃない？」って正直、私は思ったわ。それよりも、彼はすごく料理が上手だから、なんかそういう方面で働くのがいいんじゃないか、と思ってた。

そしたら本当にその通りになって、今、彼はコックとして働いています。すごいでしょ。アラブ料理じゃなくて、普通の店のコックだけどね。今でも彼に会う時は、いつも料理を作ってくれる。カプシっていうのが得意料理でね。チキンとお米と一緒にね、たくさんのスパイス入れて作るの。私、それまでアラブの料理って食べたことなかったけど、すごく美味しいですよ。

食べ物もそうだけど、私、もともとそんなに中近東の人たちと接点ってなかったし、宗教ってものにも興味ないから、コーランに何が書かれてるかも知らない。もちろんどんな信仰もリスペクトはしますけど。

宗教っていえば、こんなこともあったわ。ある難民の登録から申請まで手伝って、最終的に申請が通った時、私、もう本当に自分のことのように嬉しくってね。思わず彼にハグしようとしたら、なんか、こう、拒絶されて（笑）。「え、なんで？」と聞いたら「ハラムハラム」とかってブツブツ言ってるわけ。「あ、そうか、じゃあいいよ」と私はすぐにストップしたら、今度は向こうがすごく申し訳なさそうにするのね。「いいよいいよ、気にしなくて」って逆に慰めたんだけど、本当、どっちでもいいよって思う。

でも彼らの中には、マジでめっちゃムスリムの人だって結構いて、女性はブルカ（一一八ページ脚注24を参照）してなくちゃいけない、みたいな考えの人ね。彼らにしてみれば、このベルリンの夏って、女性たちが裸同然で歩き回ってるわけだから、さぞかしクレージーな光景でしょうね（笑）。

今回の取材期間中、この「ハグ」、そして「握手」を巡る文化的習慣の違いについて幾度も耳にした。イスラム教では、男性が女性にハグをしたり握手をしたりすることは禁じられている。それを「文化習慣の違いだから尊重するのが当然」という意見の人もいれば、「郷に入れ

ばある程度、郷に従ってもいいのでは」という意見の人もいる。ドイツにおいては、差し出した握手を拒絶されるというのは、非常に無礼な印象を与えるために、「せめてそのくらいは妥協していただきたい」という心情は理解できる。逆に、フランスにおけるような「ヒジャブへの拒絶反応」はドイツでは希薄である。フランスの「ライシテ」（教育、政治といった「公」の場に宗教を持ち込まない）の精神に対し、ドイツの「宗教の自由」。同じ西洋民主主義でも、どこにより重きをおくかという価値観の相違は、難民の社会統合という問題に際しても、どんなポイントで具体的な軋轢《あつれき》や違和感が生じるか、そしてどんなところで法制化の動きが出てくるか、といった違いとなって現れるものであることを、しばしば実感したものだった。

人間について学んだこと

さっきも話したけど、オフィシャルな人とうまく付き合ったり、対話したりするのを学んだこと、これは自分にとっては最大のステップと言えるかな。

政治的にアクティブな人生送ってくると、常に警察とか体制との確執や衝突って避けられないでしょ。そうすると、どこか条件反射的に警察や体制を嫌う、みたいな習性が自分の中に育ってくる。「なんだよ、よくこんな仕事やってられるな、システムの手先になって」とかっていう固定観念が身についてくるんだね。実際、デモなんかやってる時に、威圧的で最低な扱いにも何度も出会ってきたしね。

ところが、昼間は政府の機関で働いていて、でも夜間に難民のサポートしてる個人だっていっぱいいる。それが私には新鮮な驚きだった。職業に関係なく、善意の個人って思った以上にたくさんいて、そういう人が、難民支援というようなことに具体的に関わることをきっかけに、「政治的」な存在になっていく、それはやっぱりいいことだと思うの。夜、道端で寝てる人と関わることで、マイナス一〇度のところで人が寝るってどういうことなのか、という気づきが起きる、目が開かれるんだね。

逆にね、自分の限界を突きつけられるようなこともある。難民があふれかえるラゲーゾー（五二ページの脚注19を参照）の建物の前でナイトシフトのボランティアをやったことがあるの。零下一〇度のすごい寒い晩で、雪も降ってた。そんな中、行くところもなく路上にたくさんの難民がいるんですね。そのひどい状況に、私、本当に心が壊れた。私はさ、まあこんな感じで強い女子なんだけど、でも泣けて仕方がなかった。

その時にね、アフガニスタンの家族がいたの、両親と子ども五人。両親二人ともうヘトヘトに疲れていた。で、そこに女性専用のテントがあったから母親はそこに入れられたんです。私が父親と子どもたちを連れてそのテントに行ったら、警備の人が男はダメだっていうのね。「でもこの子どもたちはどうすればいいのか」と抗議したの。子どもたち、この寒さの中、靴も履いてないんですよ。それでなんとか入れてもらったんだけどね、そこは女性用だからって、お父さんだけ、凍《い》てつく外にほっぽり出されたの。そういう光景に遭遇して、こんなひどいことがあるのかって。ダメだ、私にはナイトシフトはもうできないって。

あまりに衝撃的で、その後、しばらくセラピーに通ったほどでした。そしてナイトシフトは自分にはもう無理だけれど、その代わり、デモに参加することにした。それなら自分の壊れた心でもできると思って。

こんな経験も含め、とにかくこの間、いろんなこと、思ったり考えたりしましたよ。今、ドイツでは、極右勢力が力を伸ばしているでしょう。人々の漠然とした不安が彼らへの支持を伸ばしているんだね。

難民の人と一緒に役所に行った時に、そこの職員の女性が、「政府は本当に大きな間違いを犯した」なんてことを言う。つまりこんなたくさんの難民を受け入れたことは、間違いだったってね。ドイツ人って、いつももっと福祉を、もっと幼稚園や保育所を、と要求するじゃない。で、たくさん幼稚園ができたと思ったら、それが難民の子どものために使われちゃってる、みたいな不満ね。そういう不満が蔓延《まんえん》する。うちの子が保育所に場所がないのは難民のせいだ、ということになる。

昔は私、こういう役所の人なんかとは話したくもなかった。「私はナチスじゃないけど、でもね」みたいな話し方で差別的なこと言うような偽善的な人。昔だったら最初から拒絶してたそういう人の話も、でも今は一応聞いてみる。どこから彼らの恐怖が来てるんだろうか、ということを考えながら、学ぼうと思ってる。こういう人たちとも対話していくしかないんじゃないかと。難しい問題だよ。

さすがに今はおおっぴらにユダヤ人を殺せ、とは言えないけれど、そういう感覚を持ってる人というのは、実はかなりいると思う。アーリア人優越、みたいな感覚。でも、私に言わせれば、いずれ、人種も混ざって、白人とか黒人とか、そういうのがだんだん曖昧になっていくでしょう。それを望むわ、心から。黒人の友だちがいるけど、やっぱりここでは難しいこともあるっていうの。電車に乗ると、隣に人が座りたがらないってね。公園なんかに行くと、ドラッグ売ってる黒人がいっぱいいるけど、彼らにはほかにチャンスないんですもんね。悲しいよ、この社会システム。

ドイツの国籍はたまたま天から降ってきたもの。それを得るために、じゃあ、あんたは何をしたっていうの、と人種差別者に言いたいわ。

差別はもちろん人種についてだけじゃない。性的マイノリティへの偏見だってまだ随分あるよね。幸い、ここではゲイやトランスの人専用の難民キャンプもあるけど。ただね、そのアイデアはいいんだけど、一つ問題があって、そういうところに入るってことは、家族やコミュニティにも知られる形でカミングアウトするってことじゃない。イスラム出身の彼らにとって、それはかなり難しいよね。

あるシリアからの難民と話した時、彼が言うんです、「なんだ、この町じゃ男同士が路上でキスしてるじゃないか」と。で、私は、「そうだけど、何か問題でも？」と答えておいたわ。

同じ難民でも、小さい村から来てる人と都会から来てる人とではそういう方面の考え方も随分違うみたい。そうそう、アレッポには赤線地帯もあったんだって。シリアからの学生で、その後ちゃんと申請も通り、今では仕事もしてて順調なんだけど、その彼が「アレッポには売春エリアもあるんだよ」って、さも「意外でしょ？」みたいに言うの。最初、意味わかんなくて「それが何か？」と言ったら、「スザンナ、イスラム教徒の国だよ、わかる？」。ああ、そっか、なるほど、と。

難民キャンプ内でも、女性がすごく安い値段で売春してるって話も聞いたよ。シリアからの難民が私に教えてくれたんだけど。その彼もね、ドイツに来る途中のハンガリーで売春宿に行ったんだって。彼はそれまで一度もセックスしたことがなかった。難民逃亡中に売春婦相手に初体験ってことね（笑）。内戦から逃れて命からがらの大変な旅をしてハンガリーまでやっとこさやってきて、そこで当局に見つかんないように隠れながら売春宿に行くだなんてさ。本当に、なんだろうね、この人間てヤツは……。

バーバラ

「思うに、この漠然とした『恐れの感情』というのは、相手の人間を知るや否や、消えるものだ、と。相手のことを知らないと、恐怖の感情が芽生える。でもそれは相手を同じ人間として知ることによって少しずつなくなっていくんですよね」

ベルリン西部の閑静な住宅地の一軒家に住む六〇代、女性。演劇評論を専門とするジャーナリスト。出身はデュッセルドルフ。ご主人はテクノパークの経営などを手がけた起業家だが、現在は引退。三人のお子さんたちはいずれもそれぞれ独立してベルリンに住んでいる。自宅の一角が小さな独立したフラットになっており、そこに一年半前からシリアからの難民、モハメッドが同居。娘さんが結婚した相手はカナダ人だそうだが、「その彼よりもね、モハメッドの方がずっとドイツ語が上手よ。おかしいでしょ」と笑う。

私が訪ねたのは、初夏の長い日差しが気持ちのよい夕刻時だった。バーバラはちょうどテラスのテーブルで仕事中。書きかけの原稿の手を休め、きびきびとした早口で、モハメッドとの出会いの経緯、自身の難民問題への関わりやそこから生じた「気づき」について、たくさんの話をしてくれた。途中からご主人も合流。モハメッドと友人のジハブもたまたま在宅で、彼らの辿った体験や心境などについても話を聞くことができた。

全ては偶然の重なりから

偶然から始まったことです。ドッペルコプフというカードゲームがあるんです。お金をかけて遊ぶブリッジみたいなもの。これを私たち、友人仲間で月に一～二回、集まってやってるんです。それで一年に一回、それぞれが稼いだお金を全部持ち寄って、みんなでご飯を食べに行く。もう何年も仲間内で続けてるお遊びなんです。

その仲間の一人にビリーという女性がいましてね、ここ一～二年、難民キャンプでドイツ語を教えるボランティアをしてる人なんですが。そのビリーが、「今年はご飯の会、レストランじゃなくってうちでやらない？」と提案したんです。「難民の友人ができたんだけど、その中の何人かがとっても料理が上手だから、彼らに料理を作ってもらって、そのお礼にこのお金でお支払いするっていうのはどうかしら」と。

「まあ、それはいい考え！」とすぐにみんなで賛成。そうしてある夜、ビリーの家に出かけて行ったら、そこには四人の若いシリア人がいて、彼らが料理を全部作ってくれていました。そのうちの一人とちょっと話したんですよ。彼は自分のことを少し自己紹介してくれたんだけど、ドイツに着いてわずか三カ月足らずだっていうのに、すでに驚くほどにドイツ語が話せた。シュパンダウというところにある難民キャンプに住んでる、と言ってました。

「ドイツ語がこんな上手ですごいわね」と感心したら、「でもキャンプでは自分の部屋もないし、勉強するのがなかなか大変だ」っていうんです。数人で一部屋をシェアしてるって。そんなこんなで一〇分くらい立ち話をしたんですが、なんだかこう、意気投合しちゃってね、「だったらうちにいらっしゃいよ」と、とっさに私の方から提案したんです。あっという間の出来事でした。夫に相談するでもなく、本当に、その場ですぐに決心しちゃったんですよ。うちに住めばドイツ語の練習にもなるし、と思って。

夫には「うちにお客さん、住むことになったから」と、事後報告（笑）。彼は最初、さすがに驚いて、「そんな、大丈夫なのか」と目を丸くしました。でも、彼もそのシリアの青年とそのあと、少し話しましてね、そしてすぐに「オッケー、了解、そうしよう」と賛成してくれました。

実行までには、けれど、事務的な手続きにかなり時間がかかってしまった。役所とのやりとりとか、家賃補助を受け取る手続きとか。家賃なんてもらう気は全くなかったけれど、その手続きを踏まないとことが進まないと言われ、そんなこんなでいろんな煩雑なペーパーワークをしなくちゃいけなかったんです。最終的に彼が越してきたのは去年（二〇一五年）の三月一五日。出会ってから二カ月後でした。それだけの時間、お役所仕事にかかったということですね。ちょうどその二日後に、私たちはイスラエルに行く予定が既にあったので、彼はその間、一人で留守番して猫のえさやりをしてくれることになりました。二週間後、私たちがドイツに戻ってきて、そうしてあらためて、共同生活が始まりました。早いもので、もう一年半くらいになりますね。

その青年、モハメッド（現在二四歳）が逃亡する決意をしたのは二一歳の時だった。モハメッドの父親は、ダマスカスで私立学校を経営していたが、アサド政権と対立したため、学校をたたんで家族でまずはエジプトに脱出。モハメッドもエジプトの大学の医学部に入学。だが、学生生活三年目で、内戦が泥沼化する祖国への帰路はないと判断。勉学を中断し、家族と離れ、一人、夢を抱いてドイツを目指す。シュレッパー（難民の逃亡を斡旋する仲介者）と知り合い、船で脱出。船の上で二四日間過ごした。現在、家族はエジプトで食品店を営んでいるという。ドイツに着いて最初の数カ月を過ごしたキャンプではドイツ語を習うすべがなかったが、キ

ャンプに出入りするドイツ人たちからの情報で、ボランティアによるドイツ語コースが受けられるキャンプがあることを知る。「ドイツ語の習得がこの国で自活するための最優先課題」と考えたモハメッドは、こうした情報をもとに、○曜日の午前中はキャンプAで、午後はキャンプBで、○曜日の夕方からはキャンプCで、という具合にドイツ語のコースを受ける時間割を自分で作成。電車を乗り継いでベルリン市内の複数のキャンプでドイツ語コースを掛け持ちする日々を送っていた。そんなコースの一つでボランティア教師をしていたのが、冒頭で登場したバーバラの友人、ビリーだった。

ビリーの家で最初に会った時に感じた通り、モハメッドはとても人懐こくて、いろんな人とすぐに親しくなれるタイプなんです。だからドイツに来てからもすぐに友だちができた。シリア人の間でも、そしてドイツ人とも。

ここでは彼は入り口が別にある独立したフラットに暮らしていますから、同じ屋根の下といっても、それぞれがある程度、勝手に生活していますよ。もちろん、一緒に何かをやるような機会はたくさんあります。たとえば前回のラマダン[28]の時は、私たちも彼と一緒にラマダンをやって、日中は食事を絶ちましたよ。彼が料理を作ってくれるようなこともありますし、私たちの子どもや孫たちが遊びに来れば、みんなでご飯を食べたりもしますね。

今、彼の友人が四週間くらい、彼のところに居候してます。二人とも、本当に、とてもいい子たちで、全く問題ないですね。

彼自身、他の難民仲間のことを随分と助けてるし、そんな仲間たちをうちに呼んでくるようなこともありますね。この間、ドイツ語は目を見張るほど上達しました。私たちもモハメッドと知り合うことで、この難民問題がものすごく身近になり、このエリアに難民のためのハイムを造るプロジェクトを近所のボランティアの人たちと一緒に進めるとか、文化的な面でのサポートを手伝うなど、別の仕方でも関わるようになりました。

人は変わるもの

モハメッドと知り合った時点で、すでに難民のことは多く耳にしていたし、私自身、個人的に少し関わり始めていました。私たちが住んでいるこのあたりはご覧の通り、とても閑静な住宅街で、住民は何不自由ない快適な暮らしをしています。そんなエリアに、難民ハイムを一つ造るという話が持ち上がったんです。政府がお金を出し、社会的企業が運営をするということ

28　イスラム暦に従い、日の出から日没まで断食をする月間のこと。ただし、妊婦や子どもはこの義務に従わなくてもよいとされている。

でした。

　そんなある日、家の郵便受けに「このプロジェクトに反対するために立ち上がろう」というような手紙が入っていたんですよ。住民の一人が書いた手紙でした。それを見て、私、すごく怒りがこみ上げたんです。それで友人と一緒に、反対の趣旨の手紙を書いて、近所の郵便受けに配って歩いた。

「私たちは、ここでとても恵まれた暮らしをしている。手助けを必要としている人がいるのに、手を差し伸べない道理はないだろう」と。モハメッドと知り合うちょっと前のことでしたね。

　でもそれより以前からシリアの内戦の状況には心を痛めていました。私たちの住むこの家、子どもたちは三人とも巣立ってしまってスペースは十分にある。必要としている人がいたら使ってもらいたい、という考えはかなり前からなんとなく持っていたんです。でもどうやってそういう人を探していいのかがわからなかった。ずっと、何かをするべきだ、という思いがあったところに、偶然、あの食事会があって、偶然、モハメッドと言葉を交わし、そしてごく自然に「うちに来ませんか」と切り出していた。運命だったんですね。

　そのハイムですけど、一部の住民の反対があったにもかかわらず、無事、オープンしましたよ。最初は四、五〇人、そこからどんどん新しい人たちも加わって、今では一〇〇人以上の難民たちが住んでいます。それはここからわずか三〇〇メートルのところにあるんですけど、今や、そういうものがあるってことすら気が付かないほどに、この環境に溶け込んでいる。最初、人々が漠然と恐れてイメージしていたようなこと、怪しげな難民がうろついて、犯罪が起きて、とかなんとか、そんなことは実際、蓋を開けてみたら何もありゃしません。モハメッドもそこの住民たちにアンケート調査を行って、彼らが何を必要としているか、仕事や学校や手続き上のこと、生活上のことなどあれこれ質問をしたり、サポートを提供したりして、一生懸命関わっていますよ。

ちょっと感動的な話があるんです。この向かい側に女医さんが住んでるんですが、彼女はこのハイム計画に当初、真っ向から反対していました。例の反対運動にも積極的に関わっていましたね。で、そうこうするうちに、モハメッドがここに越してきた。近所では、それなりの噂になりました。最初、その女医さんは、モハメッドに挨拶すらしようとしなかったんです。なにしろ筋金入りの難民反対派ですからね。ところが今、彼女の家にも一人、シリアからの難民が住んでいるんですよ。

彼は医学生で、今、彼女の勤める病院で実習をしているそうです。モハメッドは彼女のところでも、何度かケータリングを頼まれて料理を作っていますよ。最初は「こんにちは」とも言ってもらえなかったのにね。

思うに、この女医さんの例も含め、人々が抱く漠然とした「恐れの感情」というもの、これは相手の人間を知るや否や、消えるものなんだ、と。相手のことを知らないと恐怖の感情が芽生える。でもそれは相手を同じ人間として知ることによって少しずつなくなっていくんですよね。ああ、この人も自分と同じ人間である、という気づきが訪れる。これは「難民危機」がはからずも私たちにもたらした、とてもポジティブな作用だと思います。

うちの前のこの通りだけで、今、難民を受け入れている人、私たちのほかに少なくとも三軒。みんなモハメッドの友だちで、彼が仲介をしたんですよ。

人って、こんなふうにして変わるもんなんだなあと。私も長く生きてきたけれど、こういう感動は初めてでしたね。

モハメッドは最近、アラブ料理のケータリング・サービスを始めたそうだ。この女医さん宅をはじめ、近所のお宅でのサロンコンサートやちょっとしたパーティなどの際に、口コミで自然に注文が来るようになり、本格的なスタートアップを目指して、現在、試行錯誤中だという。たまたま私が取材で訪れた日も、夕刻にバーバラが夕食会を予定しているとかで、友人と二人でおいしそうな料理の仕込みの真っ最中だった。

その手を休め、「散らかっててすみません」と言いながら、フラットを案内してくれた。なにしろウィークデーはドイツ語の学校に加え、最近通い始めた大学、そしてケータリングの仕事と大忙しだから「全然片付ける暇がないんですよ」というが、ベッドルームに小さなキッチンとシャワー、それにサウナ（！）までついた部屋は、どうしてなかなか、こざっぱりと片付いている。

部屋から外に出ると、そこはこぢんまりとしたテラスになっていた。テーブルには、今晩の料理の材料が並び、モハメッドたちが手の平でお団子のようにこねて作ったケッベという中近東の羊肉のメンチカツがトレイの上に何十個も並んでいた。

「このケッベという料理は、準備するのに四〜五時間を要するんです。手間暇がかかるので、僕の故郷でもこれは特別な時の料理で、毎日食べるもんじゃないんです」

その故郷で、料理は「おばあちゃんから教わった」そう。「シリアの男たちは僕をはじめ、みんな料理しますすよ、食いしん坊ですから」と笑い、隣の友人、ジハブが「そうだ、そうだ」とうなずく。

それにしても、ドイツに来てからまだ一年半ほどだというのに、本当にドイツ語が上手だ。

「ドイツ語がわかるようになったおかげで、多くの問題が解決されたと思うんです。そのことを僕は、ほかの難民の人たちにも話すんです。ドイツ語ができるようになれば、仕事もできるし、自分で自分のアパートを探すこともできる。言葉を使って、なんでも自分で見つける、

バーバラとハーディ（右端）、モハメッド（左から２人目）。「イスラム教徒の部屋の前にブタの飾り！」と皆で笑う。

探すことができるようになるんだ、と。とはいえ、順応にはもちろん時間がかかる。それはちょうど、小さなパンひとつ焼くにも時間がかかるのと同じようにね。丁寧に仕込んで、オーブンに入れて、火加減調節しながらじっくり焼いていくと、やがて素敵な焦げ色になる。それと同じことだなぁと思うんです」

「ビリーやバーバラたち、そしてその他、たくさんのドイツ人と知り合ったことは僕の財産だ」とモハメッドは言う。

「自力でこの国のシステムや文化、習慣をちゃんと理解するなんて、到底無理なんですから」

モハメッドが難民申請の場としてドイツを選んだ理由は「民主主義と自由の国

ツというイメージがあったから」だという。「僕の国では、新聞やテレビなどを通じて、ドイツという国のイメージがすごくいいんですよ、もともと。それに加え、車とか電化製品とか、メイド・イン・ジャーマニーっていうのは高品質の代名詞っていうこともある。ドイツの車に乗るって、ダマスカスじゃあ、もう、みんなの憧れでしたよ」

せっかく始めた医学の勉強だったが、「医者になるまでには長い年月がかかること」、そして「戦争を経験したことで、なんというんだろう、患者さん、病気の人、怪我した人、そして痛みや病気そのものを見るのがつらくなってしまったから」という理由でこの道は断念。ハーディ（バーバラの夫君）の勧めもあって、現在はＩＴの勉強をしているという。

他方、ケッベ作りを手伝っていたジハブの方（彼もドイツ語がとても上手）は、大学で政治学を勉強中。やはり「ドイツに来て、一から始めたこと」だという。

メルケルのこと、現在の難民政策の弱点

私自身、モハメッドを家に迎え入れるという選択は、本当に計画性のない自然発生的なものだったのですが、思えば、メルケル首相の難民受け入れの決断も、あれ、相当、衝動的なものでしたね。そのことで、もちろん彼女は随分批判もされたけど、逆に賞賛もされました。あの時メルケルがああいう行動に出なかったとしたら、国境の反対側で人々がたくさん亡くなるという状況が起きていたはずです。それを私たちはどう受け止めていただろうか、良心の呵責《かしやく》なしに、それを見て見ぬふりをすることができただろうか、ということを思いますね。

メルケルのああした行動は、もしかしたら「ドイツ的」ではなかったかもしれない（笑）。でも彼女はもともと、プランというよりはリアクションの人なんじゃないかしら。何か問題が起きた時に、それへの「対処」という仕方で切り開いてきて、それが大方はうまくいった。そういう政治家だと思います。

それにしても、我々ドイツ人自身が驚いたのは、この難民危機に際し、こんなにも多くのアンガージュマン（社会参加）や連帯の動きが出てきた、ということ。いつの世にも抵抗する人、利他の人、正義の人というのはいますよ。でも、これだけ多くの人が、というのは、私たち自身にも非常な驚きでしたね。

とはいえ、問題は山積しています。これは夫の受け売りですけど、ある知人の年配の政治家に聞いた話では、難民たちがハイムとかキャンプという場所に長らく住み続けているということに起因する問題がとても深刻なんだそうです。内在する力に欠ける人が、キャンプの内向きで閉じた空気の中に一定期間以上浸り続けていると、態度がどうしてもシニカルになってくる。モハメッドには、この内在する力があるし、おそらく家族も力強い家族なのでしょう。彼は、自分でプランを立て、これとこれはやろう、これはやりたくない、そういうことをはっきり自覚できて、それが非常にうまくいっている。けれど、そうした力を備えていない人だってたくさんいる。そういう人たちのために、メンター（指導・助言をする人）的なプログラムが必要だって、その政治家の彼は言うんですね。

ところが、メンターはおろか、ドイツ語や社会統合のクラスに辿り着く前に、まずはさまざまな事務的手続きの期間というものがあって、それに非常な時間がかかっているのが現状ですよね。その間に、彼らがここにやってきた当初のフレッシュな希望やエネルギーというものがしぼんでしまう。そこをまず、立て直さないといけない。現在の難民政策は、緊急事態でやむを得ないとはいえ、だから非常に付け焼き刃的な失策だ、と彼は憂いている。

こうした強い危機感を抱く背景には、彼自身、家に二人の若い難民を住まわせているという具体的な体験もあるでしょう。彼らのモチベーションを維持させ、やる気を起こさせることが本当に難しいんだそうです。そんな話を聞くと、モハメッドのケースは、決して代表的なものではないということを痛感しますね。彼の周りには、政治的にも意識の高い、イニシアティブにあふれる素晴らしい若者が集まっているけれど、これはむしろ幸運で特殊なケースなんじゃないかしら。

個人差はもちろんあるし、出身国による違いというのもありますよね。シリアの人は、概して、教育程度も高いし、そして元々の教育程度が高い人は、やはり同化もうまくいく傾向があると思います。

もう一つ、気に留めるべきは、モハメッドやその友人たちは、祖国に戻るというチョイスはない、という視点を最初から持っている点ですね。そういう自覚があるからこそ、辿り着いた先の国において、なんとか場所をつくって幸福を求めていこう、という気持ちが生まれてくる。強さも出てくる。現状のシリアでは、とてもじゃないけれど、戻ることはできない。そのつらい事実を受け止め、受け入れること。それがなければ、なかなか先には進めるもんじゃありません。

モハメッドには、ここにいたいだけいてもらえばいい。そうですね、少なくともちゃんと仕事を手にして自活できるようになるまではね。そのうちガールフレンドができて、どこかに一緒に住みたいと思うかもしれないですしね（笑）。そしたらそれはそれで万々歳ですよ。

オブレイとサーラ

「難民と、ホストファミリーの写真を撮り続けているうちに、誰が難民で誰がホストかの区別が次第に見えなくなってくるのです」

オブレイはオランダ育ち、英国籍のフォトグラファー。社会的なイシューに興味を抱き、そうした題材を撮り続けてきたが、その背景には「英国人でもオランダ人でもないような曖昧なアイデンティティで、常にどこかアウトサイダーとして生きてきた自分の人生がある」という。

サーラはベルリン生まれのドイツ人だが、長くロンドンに暮らした経験も。マーケティングの仕事をしている傍ら、パートナーのオブレイと「難民と暮らす家族の肖像」というフォトポートレートのプロジェクトを立ち上げ、一緒に取材活動を続けている。共に三〇代。

ベルリン市内中心部、小さなカフェやブティック、ギャラリーなどが並ぶヒップで

「自由業」的な雰囲気にあふれるエリアに住む二人。インタビューのための待ち合わせのカフェには、揃って自転車でやってきた。フットワーク軽く、見かけもライフスタイルも、そして世界の見方に関しても、自由で現代的なコスモポリタン・カップルだ。

「自分たちにできること」って何か?

サーラ　私たち、ずっと遠距離カップルだったんですよ。でもついに、彼がベルリンに越してくることになって、初めて一緒に住んでみようということになった。それがちょうどドイツに大量の難民が押し寄せた二〇一五年の夏のことだったんです。自分たちの二人暮らしがどんなふうになるか、まだ未知数だったその時期に、たくさんの難民が路上で夜を過ごさなければいけないという状況を目の当たりにしました。

オブレイ　その頃、すでにサーラの友だちの何人かが、ラゲーゾー（五二ページ、脚注19参照）のところでボランティアで関わっていました。難民危機よりずっと前からいろんな社会的イシューについて活動しているモアビット[29]という草の根ボランティア・グループがあって、そこが路上の難民たちの世話も始めてね。そんな動きを目の当たりにして、僕もここに越してきてすぐに関わるようになりました。ゴミの片付け、水や食べ物の支給、衣服の提供など、いろんなことを手伝いました。

サーラ　と同時に、他の方法でも力になりたい、と思うようになったんです。私たちのフラットに、寝泊まりの場所のない人を迎え入れる、という可能性についてももちろん考えました。ただ、そうした思いはあったものの、それが共同生活を始めたばかりのカップルとしての自分たちの関係にどう作用するか、ということが全く読めなくって、だからためらいがあった。おまけに、私たちのフラットは二人だけでも結構ギリギリのサイズ。どうしたもんだろうか、とね、二人でずいぶん議論しました。でも九月になってから、アフガニスタンの家族に数日だけですけど、うちに泊まってもらったんです。

オブレイ　難民対策の十分なキャパシティやインフラがなかったあの頃、たとえば金曜日にベルリンに到着した難民たちは、翌週の月曜日まで登録手続きができなかったんですよ。何故なら週末、役所は閉まってますから。で、登録ができないということは、配属されるキャンプもないということ。つまり道で寝るしかない。そんなわけで、こうした週末難民たちの寝泊ま

29　ベルリンのモアビット地区住民たちで組織するローカルな市民団体。二〇〇三年より、難民支援のグループを立ち上げ、地域における難民支援に、社会的、文化的、日常レベルなど、さまざまな側面から取り組んでいる。http://moabit-hilft.com

りするところを手配する、というのが、当時、ボランティアの市民たちの間でとても大きな案件だったんですね。

先ほど言及したモアビットにもテレフォンリストというのがあって、そこで、どこどこの難民何名が今晩泊まるところが必要、というようなメッセージが回るんですよ。僕らもこのリストに登録していたんですが、ある晩、夜中の二時に電話がかかってきた。でも僕たち、車がないし、迎えにいけない。じゃあオッケーということでその時はとりあえず終わったんです。そしたら翌日、また深夜過ぎに電話がかかってきて、このアフガニスタンの一家が僕たちのところにやってきたんです。そういうシステムと最初からわかっていたから、お互い、急場のヘルプという了解で、この仕組みは機能していたんですね。

サーラ　金曜から月曜まで、たった四日間だけでしたけどね。それはとても興味深い体験でした。わぁ～プライベートスペースってものが全然なくなっちゃうんだ、ということがよくわかったし（笑）。

もともと、二人の男性という話だったので、「どうぞ、来てください」と言ったんです。マーケットを案内したり、散歩したり、晩ご飯一緒に作ったりして、彼らと楽しく過ごしました。ところが翌日、よくわからないんだけど、そのうちの一人の家族、奥さんと子どもたちですが、郊外の別のキャンプにご主人とは離れ離れで入れられていたけれど、そちらの方で何か揉めごとが起きたらしいんですね。で、その一家が急に市内に来ちゃったんですよ。「追加で泊められないか」と聞かれ、「いいですよ。狭いけど、ベッドもないけど、こんなところでよければ」と答えました。というわけで、突如、赤ちゃんを含む子ども四人と奥さんがやってきた。つまり合計七人！　ところが日曜だから店も開いてなくて食料もない。急ぎ、友人のつてでパシュトゥ語がわかる人に来てもらったんです。なにしろ、言葉が全然通じなかったので。そうしたらその通訳の彼が、「じゃあ、晩御飯はうちでみんなで食べよう」と言ってくれて、それで雨の中、ぞろぞろと彼の家に出かけて行った。子どもたちと赤ちゃんも一緒に。

翌日の朝、サンドイッチ二〇個作って、彼らに渡してラゲーゾーのところでお別れしたんです。その時、とても心が痛みました。まだドイツに着いたばかりで、一言の英語もドイツ語もわからない彼らをラゲーゾーの見知らぬ人に引き渡すことが、とてもつらかったですね。

そのあと、携帯に写真を送ってきてくれたりしましたが、言葉がわからないから、残念ながらコンタクトは長続きしませんでした。

オブレイ　そんな体験をする中で、何かほかの仕方でも彼らをサポートすることができないだろうか、ということを、僕ら、考えるようになったんです。そうして思いついたのが、このポートレート・プロジェクトでした。とにかく難民の人を迎え入れている人がこの国には驚くほどたくさんいる、これはいいプロジェクトになるんじゃないかと。そこからいろいろ考えて、ヨーロッパ中でこうした人間たち、家族たちのポートレートを撮っていくことで、いつしか、誰が難民で誰がホストファミリーかがもうわかんなくなるような、結局、人間は人間、というような複合的な構図が見えてくるんじゃないか、と。両者の関係性が「難民の友だち」じゃなくて、ただの「友だち」となっていく、そういう変化っていうのかな。

サーラ　彼はもともと写真家だし、このプロジェクトを通じていろいろな人に出会えるし、これはいい考えだと、二人で盛り上がったんですよ。あれこれ話し合って、このアイデアが少しずつ固まっていきました。私たちも難民を家に受け入れようよ、と思って、先ほどの話のようなこともしてみたけれど、でも、うちは狭いし、引っ越して間もないし、なかなか難しいということがよくわかった。だから、こういう別の仕方で、人々の関心を高めることができれば、それもまたいいんじゃないかと。そうして去年（二〇一五年）の秋頃から、難民を自分の家に受け入れている人たちの写真を撮り始めたのです。家族の中に受け入れる形だったり、フラットシェアだったり、形態はさまざま。半年くらい、取材をしてきましたが、難民と暮らすことで人々の態度というか気分にも変化が起きてくるもんだということを感じました。最初は「対・集団」という仕方で援助をしていた人々が、自分の家に難民が住むようになって、そうするとその個人への援助に気持ちも力もシフトしていくんですね。そうなんだ、なるほどな、面白いな、と思いました。

「弱者」という制度化されたポジション

オブレイ　この撮影プロジェクトを通じ、いろいろな「人間同士の関係性」に出会いました。たとえば、子どもが四人いるユダヤ人の家族がシリアからのイスラム教徒の難民を受け入れている。毎週、金曜の晩、ユダヤの祭日シャバットをご馳走囲んでみんなで祝ったりして、とてもいい感じでしたね。この家族はいわゆるインテリなんですが、ドイツ社会においては自分たちもマイノリティという意識がある。マイノリティが、ほかのマイノリティに手を差し伸べる。それもごく自然な形で。

また別の家族のところでは、一軒家の地下のフラットにシリア人の家族を受け入れていました。シリア人一家の奥さんは一八歳ですが、すでに子どもが一人いて、さらに現在、第二子を妊娠中。そしてホストファミリーの方にも一八歳の娘がいる。同い年の若い女性が家の中に二人。一方は、結婚し、逃亡し、難民生活を送り、子どももいる。片やドイツの一八歳は、普通に学校に行っていて、自分が将来何をしたいかも「まだわからない」。ピアスしてお化粧して、週末は遊びにいく。お酒も飲む（笑）。そういうコントラストがとても面白いと思いました。

ただ、これは一般公開される写真という形のプロジェクトでしょう。なので、被写体たちはやはり良いところしか見せたがらない。完璧な家族、完璧な友情、などなど。そんなものは世の中にないわけだから、どうしたって少し綺麗事になってしまう。写真というメディアを使う上でのこれは大きなチャレンジだな、ということを、プロジェクトを進めていく中で理解するようになりましたね。

サーラ　徐々に口コミやネット上でコネクションを広げ、たくさんの人たちと出会いました。難民支援のフォーラムとかフェイスブックページなどがいろいろ立ち上がっていたので、私たちもそういうところに投稿したりしながら、少しずつ取材を受けてくれる人を探したんです。二〇ケースくらいになったのかな。そうこうするうちに、UNHCR（国連難民高等弁務官事務所）が私たちのプロジェクトに興味を示してくれて、写真を見せたら、ああ、これはいい、こんなふうにこの悲劇の中のポジティブな側面を見せるのはとてもいい試みだ、と。特に年末のケルンの事件の後でしたから、なおさら。というわけで、UNHCRの許可を得て、他の国でもこのプロジェクトを進めることになったのです。ちょうど、オブレイはスウェーデンから戻ってきたところ。八日間、そこで取材撮影をしてきました。次はオーストリアの予定です。

オブレイ　その間、世間の空気も当初とは少し変化しましたね。もちろん、最初の興奮はしぼんだでしょう。でもつい最近、初めて難民を家に迎えたというような人にも会いました。最初から関わっていた人もいれば、最近、ようやく関わり始めた人もいる。一度体験して、それっきりの人もいれば、継続的に異なる仕方で支援し続けている人もいる。全体として、経験を積んで、見聞を広めて、援助に対する姿勢や考え方についても、ある意味、成熟したような部分もあるという印象を持っています。

サーラ　市民の側だけでなく、お役所の側も、だいぶ、追いついてきた。以前よりは、少しずつ制度や対応が形をなしてきたと思います。だから個人の介入の仕方もそれに応じて変わってきた。家賃の負担[30]というようなことも、最初は何もきちんとしてなかったけれど、そういう方面もだいぶ整ってきましたしね。

オブレイ　あと、「人のつながり」の可能性とか力っていうもの、これはすごいですね。どこかで見た記事だけど、今や世の中は、かつてのように大企業が安定した雇用を一〇〇〇個提供する、というような状況ではない。そんな世の中で個人はどうやって適応していくべきかっていうような話でしたが、仕事を見つけるのだって、新聞や公募というような形ではなく、ソーシャルネットワークの口コミの広がりをどう活用するかが鍵になってきている。そういう社

30　自治体によって違いはあるが、難民が仕事につき、一定の収入を得るまでは、個人の状況に応じ、自治体からの家賃援助が出ることが多い。住まいを提供する側は、居住面積、適正な家賃といった条件をクリアする必要がある。サーラとオブレイがアフガニスタンの難民家族を週末、家に迎えたように、緊急援助としての短期間の滞在の場合は、これには当たらない。

会の変化は、この国に新しくやってきた人たちにも通用することだとつくづく思いますね。
　この撮影の仕事を通じて知り合った難民の一人に素晴らしい女性がいるんですが、彼女は今、ＳＡＰ[31]で研修してるんです。もともとシリアでコンピューターエンジニアだったそうですが、話してて、非常に聡明な頭の切れる人であることはすぐわかる。だからきっとこの研修先でも頭角を現して、高いポジションに上がっていけると思う。どうやって研修の口を見つけたか、というとね、彼女の友だちの友だちが以前、ＳＡＰで働いていた。たまたまそこで研修の口があるということを、そういう間接的なつながりで知って、だから彼女は自分の履歴書を友人に渡し、そのまた友人と友人経由でそれが向こうにわたったって、雇用されることになったっていうんです。ほんの一例ですが、つまり、ドイツ人の友人知人がいれば、いろんな機会がぐっと増える。逆にハイムに住んでいて、外とのコンタクトがなく、ドイツ人の知り合いがまったくいなければ、ポテンシャルなさまざまな機会から遮断されてしまう。

サーラ　そうですね、地元の人と人間関係を築けるかどうかという点が、難民の人たちにとってどこか明暗の分かれ目という部分はありますね。ドイツ人の家に住んだ経験のある人の多くが、すでに次のステップに行っています。仕事を探したり、フラットを探したり、フラット

31　ドイツに本部のある企業向けソフトウェアの世界的な大手企業。

シェアのチャンスをつかんだり。もちろん、ドイツ語もすっかりうまくなって。

オブレイ　逆に、ずっとハイムにい続けるとどうなるか。「弱者のポジション」にいると、いかに人ってあっという間に制度の一部と化してしまうものか、ということを痛感します。制度の側が「お前はこう振る舞うべき」と規定する、その型にはまってしまうんですね。戦火を逃れ、船に乗り、長距離バスに乗り、逃げて隠れて、言葉もわからず、という状況を生きてきた人が、そのまままこうした「弱者のマインドセット（心のありよう）」に直行するというのは、非常に起こりがちなこと。二年間、三年間、難民ハイムに住んだことで、以前の自分とは違う人間になってしまう。かつて仕事があり、家族があり、人生経験があり、自律的に生きていた人でもそうなってしまう。刑務所に入った人にも似たことが起こるようにね。

ハイムにずっと暮らし続ける中で、依存や犯罪も起きてくる。システムが人をつくるという側面が出てくる。そうして、結果的に、本来の能力や個性に見合った社会への貢献ができない社会の構成員になってしまうんじゃないかな。

サステイナブルな支援のために

サーラ　難民と暮らすことを始め、人々がさまざまな援助への一歩を踏み出す背景には、多くの理由があると思う。最初はやっぱり興奮というか、気持ちがハイになる状態を多くの人が経験したのでしょう。あの大変な騒ぎに接して、あの頃、なんていうか本当に街中で空気中に愛が満ちあふれている状態でしたよ。私たちは役に立っている、彼らはすごく喜んでいる、一緒に同化、順応、社会統合、頑張ろう、彼らもドイツ社会の一員となるんだ、みたいな感じで非常に多くの人が高揚し、本当にシンプルな善意から手を差し伸べたと思うんですよ。でも、その最初の高揚感とは別に、他のモチベーションだってあるはずですよね。とりわけ継続的に支援をしていくためにはね。非常に興味深いです。

このプロジェクトを通して私たちが出会った人々の多くは、自分も子どもがいる人たちで、子連れでこんな大変なことをしている家族、という状況に、強く共感や同情の気持ちを抱いたんですね。だから家族とか女性を助けたい、という感情がどうしても先に立つ。ところが難民の多くは男性なのですね。その結果、女性が男性を助ける、というような新しい関係性が出現してきて、それもまた、興味深い。

また、ある人たちは、ちょっと退屈していたから、ということもあると思うんです。何かエキサイティングなことをやりたい。夢中になれること、ある意味、新しいホビーみたいな感じ。ネガティブな意味じゃなくって、何か新しいことに挑戦したい、新しいプロジェクトを始めたいというような。

オブレイ　いずれにしても、みんな善意で始めるんですが、それがいつもうまくいくかといえば、もちろんそういうわけにはいかない。先ほど、写真という手段だとどうしても綺麗事になる部分が出てくるって言いましたよね。つまり、写真には決して出てこない「埋もれてしまうストーリー」だってあるということなんです。

イラク人の男性を受け入れている家族がいました。妻と子どもは逃亡中にどこかで誘拐されてしまったとのことで、その男性一人きりです。ホストファミリーの方とコンタクトを取り、僕たちの取材の申し込みを快く承諾してくれたのですが、このプロジェクトの趣旨を、言語の壁もあり、イラク人の彼は完全に理解していなかったんです。ドイツ国内で写真が出るだけだと思って、それならいいよ、ということだった。ところがよく聞いてみたらそうじゃない、世界中で公開される可能性があるとわかった。誘拐された妻子の身の危険ということを彼は心配しました。当然ですよね。それで彼はホストファミリーに騙された、と感じ、不信感に陥ってしまった。そうして昨年のクリスマスの夜、彼は怒りに駆られて、ホストファミリーの家を飛び出してしまったんです。さらに、その後、ホストファミリーのカップルも別れてしまった。この件が直接の原因ではなかったかもしれない。僕も詳しい事情はわかりませんから。でも何か、すべての均衡が崩れてしまったという感じがして……。

サーラ　私たちが出会った人の中には、難民問題にあまりにフォーカスしちゃって、自分の人生が二の次になってしまっている人もいました。オブレイが今、話したカップルのように、実際に仕事や家族を失った人もいます。サスティナブルな（持続可能な）仕方で援助を続けていくためには、自分自身の限界や適性をちゃんと見極めないといけないということを痛感しましたね。

オブレイ　二カ月くらい前だったかな、病院へ向かう途中で自分の腕の中でシリアの難民が亡くなったということをフェイスブックに投稿した人がいたんです。メディアはすぐにそれに飛びついた。ところがこの男性、問い合わせの電話に出ないのです。警察も亡くなった人を特定する必要もあり、ベルリン中の病院をチェックしたけれど、そういう急患の死亡の記録はどこにもない。つまりこれ、作り話だったんですよ。

サーラ　この彼は難民支援にものすごく熱心な人で、何十人という人たちを支援していた。今もまだ熱心に続けているらしいんですが、あまりに打ち込み過ぎてどうやら自分自身の心身の健康の管理など、全くほったらかしにしていたんでしょう。ストレスで飲み過ぎとかもあったかもしれない。現実とイマジネーションが錯綜《さくそう》しちゃったんですね。

まあ、こんな話はさすがに極端で、非常にバランスよく息の長い支援を続けている人もたくさんいますし、支援の仕方にも慣れや学習の成果が現れてきていることは確かです。少し前の話ですが、うちの近所にキャンプが出来た。このあたり、わりとミドルクラスというか、住民の意識も比較的高いエリアなんですね。で、こういうキャンプができるということを知っていたから、前もって私たち数名のボランティアが、近所にチラシを配って、ボランティアを呼び掛けたんです。それに応えて近所の個人、および、企業がいろいろなサポートを申し出た。地元の企業が早速名乗り出て、一週間で仕切りの壁を作ってくれました。個人の方でも、子どもたちを学校に登録したり、ドイツ語のボランティア・コースで教えるといったサポートが、あっという間に立ち上がりました。こうした支援の動きって、たぶんエリアによって随分違うんじゃないかしら。地元住民のサポートが手薄なエリアもあると聞いているし、そういうところにたまたま配属された難民は、生活の質、統合のチャンスといった面で、最初からハンディを負ってしまいますね。

オブレイ　このプロジェクト、これまでのところ、ドイツ、スウェーデン、オーストリアで取材をしてきました。難民受け入れに最も積極的な国ということで、ある意味、ごく自然なチョイスだったのですが、ここからもう少し、他の国にも広げていけるといいなと思っています。たまたま友人の結婚式でギリシャに出かけたんですが、そこでも熱心に難民支援をしている市民がたくさんいました。それぞれの国が打ち出す姿勢や方針とはまた別のところで、一般市民が一人の個人としてこうした事柄に関わっていく、関わりたいと欲する。それは国籍を超えた普遍的な「人間の営み」だと思います。

他者への共感は、具体的な経験から始まる——取材を終えて

「難民反対」という魅力的なメッセージ

難民問題を巡り、ドイツにおける一般市民の共感、連帯、援助の広がりという現象は、一体どういう背景からこれほどの勢いと継続性をもつに至ったのか。ドイツという枠を超え、さらに普遍的なところで、人間はどのようにして困っている赤の他人への共感の感情を抱き、育て、それを形にしていくことができるのか。そんな疑問を胸にたくさんの人と会い、話を聞いた取材の日々。それは、多くの貴重な示唆や気づきを与えてくれたし、美しい話の裏側に潜む、複雑で複合的な問題や困難を理解する一助にもなった。

集中的に取材にあたったのは二〇一六年の春から夏にかけての時期だったが、その後、世界は日々、刻々と変化し、後に振り返った時に「あれが折り返し点だった」と思えるのではないかというような出来事がいくつも起きた。

六月には英国で国民投票があり、五二パーセントの賛成票を獲得して、ＢＲＥＸＩＴ（英国のＥＵからの離脱）が決定した。大方の予想を裏切るこの結果に、世界は震撼《しんかん》し、株価も暴落。「まさか」が「本当」になった、最初の大きな出来事だった。

七月一四日、フランス革命を記念する「パリ祭」の夜、フランスのニースで大きなトラック・テロ事件が起きた。八四名の死者、二〇二名の負傷者を出したこの事件の主犯は、チュニジア出身、ニース在住のフランス国籍保持者だった。花火を楽しみ、散歩をし、ワインのグラスを傾ける。そんな普通の日常が、ある日突然、消えてなくなる可能性があることに人々は気づき、戦慄した。

その翌日、トルコではエルドアン政権に対する大規模なクーデター未遂事件が勃発。民間人を含め、三〇〇人近い死者を出したこの事件を受け、エルドアン大統領は大規模な粛清に着手。教師をはじめ教育関係者、報道関係者、公務員など、四万五〇〇〇人以上が拘束、解雇、停職などの処分を受け、多数のラジオやテレビの放送局が免許を剝奪《はくだつ》された。

ドイツでは、北東部メクレンブルク・フォアポンメルン州（メルケル首相の地元）で九月四日、州議会選挙が行われ、難民受け入れに反対する新興極右政党「ドイツのための選択肢（ＡｆＤ）」が躍進し、メルケル首相率いるキリスト教民主同盟（ＣＤＵ）の得票率を上回った。ミュンヘンのショッピングセンターで起きたテロ事件をはじめ、七月以降、難民や移民による過激な事件が相次いでいたことから、国内の不安や不満が増大する中、難民を争点にしたＡｆＤへの支持が大きく伸びたとされている。

メルケル首相は自党の大敗を受け、記者会見の場で「難民政策において過ちを犯した」と発言。また、二〇一五年の有名なモットー「Wir schaffen das――やればできる」に関しても、時をほぼ同じくして、雑誌のインタビューで「この言葉はあまりに有名になって一人歩きをしてしまい、結果、空疎なものになってしまったからもう使わないでおきましょう」と答えている。ただ、これをメルケル首相の「難民政策の変化への意志」と見るのはおそらく間違っている。彼女の言うところの「過ち」は、準備不足、組織的な対応のまずさ、といったところを意味しており、人道的見地から難民を受け入れることそのものに関しては、いくら選挙対策（ドイツは二〇一七年秋に総選挙を予定しており、二〇一六年一一月、メルケル首相は四期目の首相候補として出馬する意向を発表）といえども、揺るぎはないし、「特定の宗教や地域出身者を制限すべきでは」という提案には、「それはあり得ない」ときっぱり明言している。今のところ「受け入れ数に上限を設ける」という点に関しても、ノーの態度で一貫している。

難民を大量に生んだシリアやイラクでは、その後、状況は改善されるどころか悪化する一方。シリアのアレッポではすべての病院が破壊されて機能停止状態。市民の死傷者は、もはや大きなニュースにもならないほど日常化しているし、イラクのモスルでもＩＳＩＳとイラク軍の対立はますます激化。こうした地域では今後もまた大きな難民の波が出ることは必至とされている。[32]

そして一一月。米大統領選挙では事前予想はことごとく覆され、トランプ候補がヒラリー候補を破って次期大統領に選ばれた。

欧州では同月、ＥＵ議会が賛成多数でトルコのＥＵ加盟交渉を停止することを決定。トルコ国内の人権問題などを理由に事実上いったん停止していた加盟交渉は、二〇一五年来の難民危機を受け、トルコが欧州への難民流入の抑制に協力することの見返りに、交渉を加速させることで合意（二〇一六年一月）していた。しかしクーデター未遂後のトルコ政府の強権的な対応への抗議としてこのような決議に至ったのである。これを受け、エルドアン大統領は国境を開いてトルコ国内にとどまっている大量の難民をＥＵ圏に送り出すことを示唆するメッセージを早々と発表した。

世界を震撼させるような出来事が相次いだ二〇一六年の締めくくりは、クリスマス・マーケ

32　二〇一六年一二月、アレッポは政府軍によって全域制圧。そのニュースが世界を駆け巡り、緊急国連安全保障集会も開かれた。破壊され尽くしたアレッポ東部では大規模な厳しい人道危機に直面し、新たな難民を生み出している。

ットにトラックが突っ込んで七〇名近い犠牲者を出したベルリン・テロ（一二月一九日）、そして大晦日、トルコ・イスタンブールのナイトクラブで起きたテロ事件。最後の最後までショックや悲劇と縁の切れない一年だったといえるだろう。

これら一連の出来事の因果関係や、世界であたかも同時多発的に起きているかのような政治的シフトの構図は、多数の事情が複雑に絡み合った複合的なものだが、その中で、難民問題が非常に大きなファクターとなっていることは誰の目にも明らかだ。「難民・移民反対」は、今や、かつてないほど「票が集まる公約」であり、人々の不満や恐れを一つにまとめる魅力と求心力に優れるメッセージである。

当初、難民に好意的だったドイツでさえ、もちろんこうした動きから無縁ではいられない。難民排斥を政策のトップに掲げるドイツ国内外の極右勢力の拡大伸張はかつてない勢いを増しているし、これまで「タブー」とされてきたような差別的な言説もあちこちで堰《せき》を切ったように噴出している。[33] ＢＲＥＸＩＴにイエス票を投じた人の多くは、「自分たちの暮らしが脅かされるのは難民や移民のせいだ」という心情を多かれ少なかれ共有しているし、テロ後のフランスにおけるイスラムフォビア（嫌悪）の気分の広がりは否定できない事実である。いわゆる「ヘイト」を煽《あお》ったり喧伝《けんでん》したりする言論や行動が法律で厳しく取り締まられている欧州各国内で、ヘイトに突き動かされた事件が目に余る頻度で起きている様は、あたかも「今まで我慢してたけど、もう構うもんか、やっちまえ、言っちまえ」という心理にお墨付きが与えられたかのようである。

民主主義が標榜《ひょうぼう》してきた「人権、寛容、自由」などの価値体系が、足元からぐらつくような危うい地盤の上に、現在、私たちは暮らしている。ヨーロッパ大陸の片隅で四半世紀以上暮らしてきた私のような一市民の生活実感としても、そうした感覚はかつてないほどに強くなってきている。

そうであればこそ、その一市民として、隣国ドイツの人たちの「難民と生きる姿」には、それだけ一層、希望を見ずにはいられない。そして、そのドイツ内部における、価値観の分断、「難民ウェルカムのドイツ」と「極右のドイツ」という分断の構図からもまた、多くの示唆が

33　二〇一七年一月。極右政党ＡｆＤのテューリンゲン支部長がベルリンのホロコースト記念碑（二〇〇五年建立）について「一国の首都の中心に自国の恥となる碑を建てる国など世界に例がない」と発言。ドイツではナチスの戦争責任については統一したコンセンサスがあり、その責任を軽減したり、否定したりする発言等を法律で禁じるなど、非常に厳しい態度を貫いてきた。これまでも難民について差別的、非人道的な発言を度々口にしてきたこの政治家の「ナチス批判の否定」につながる発言に、国内は騒然となった。

得られるように思うのである。

踏み出した「最初の一歩」

「いつの世にも抵抗する人、利他の人、正義の人というのはいますよ。でも、この難民危機に際し、こんなにも多くのアンガージュマンや連帯の動きが出てきた、ということは、私たち自身にも非常な驚きでしたね」

これは本文中でもご紹介したバーバラの台詞《せりふ》。一連の取材を通し、彼女をはじめ、難民に部屋を提供したり難民とフラットをシェアする仕方で支援に関わる人、地域社会で難民と関わるボランティアをする人、未成年者の難民の後見人になったり、法的な手続きの援助をするといった仕方で関わる人などに多数会って話を聞いたが、その道中、それまで必ずしも「世に抵抗する人、利他の人、正義の人」ではなかったごく普通の市民たちが、時に衝動的に、時におずおずと、時に熟慮の結果、最初の一歩を踏み出す様が、まずは端的に感動的だった。

多くの人が「見て見ぬ振りをすることはできない」「力になりたいというごく自然の感情」ということを口にした。他方、「どうやってはじめていいのかがわからなかった」「恐れの感情が全くなかったといえば、それは嘘になる」という人もいた。だがともかく、彼らは第一歩を踏み出した。そして踏み出してみたら、それは「思いのほか、自分自身をも豊かにしてくれる

難民支援を訴える集会に集まる市民たち（2016年6月、ベルリン・アレクサンダープラッツ）。

経験」であり、「多くを学んだ」と異口同音に言うのである。「具体的な経験によって初めて人は、共感の気持ちを育てることができる」という人。「氷点下の道端で寝る人を知ることから気づきが始まる」という人。自らの体験を語る彼らの言葉は、そのどれもが一つ一つ、机上の空論でないリアリティに満ちていた。

困っている隣人に手を差し伸べることについて、ヨーロッパにはキリスト教精神があるから、というようなことがよく言われるが、私が出会った人の多くは、実質上は「無宗教」である。「キリスト教精神が役に立つならば、なぜ、ポーランドのような〝信仰深い〟国々が難民支援に少しも熱心でないかの説明がつかない」という意見を言う人もいた。実際、ヨーロッパに長く暮らしていて、キリスト教が、ほとんど日本の冠婚葬祭用の仏教や神道と同じくらいのポジションに成り下がってしまっていることを実感させられる局面は意外に多いし、学校教育など、公的な場一般において、そこに宗教を持ち込まないことこそが、「ライシテ（政教分離）」にとことんこだわるフランスをはじめ、ヨーロッパの多くの国ではお約束になっているのも事実である（そういうヨーロッパからアメリカを見ると、大統領が聖書に手をおいて宣誓したり、「神の祝福あれ」というような言葉が公人の口から普通に出てくるかの国の状況は、非常に「宗教的」に見える）。

人々を「連帯」「相互扶助」「友愛的行動」に向かわせる背景は、宗教ではないどこか別のところにある。かねてより抱いてきたそうした漠然とした印象が、難民支援に尽力し、心を砕く老若男女との出会いを通じ、「やはりそうだったか」と、むしろ裏づけされたような気がしているのである。

では、その「どこか別のところ」とは、一体どこなのだろうか。

市民教育と豊かさとの二人三脚

もちろん、どんな人間にも自然に備わる（と思われる、いや、思いたい）素朴な親切心、素朴な善意というものはあるだろう。だが、その素朴な親切心や善意が、家族や隣近所、友人仲間など、自分の内輪という柵を超えた広がりを持つ共感力になるためには、実は「社会的存在としての自分」というアイデンティティが鍵を握るのではないか。そして、その「社会的存在としての自分」の少なからぬ部分は「教育」に負うているのではないか。

どこの国の教育制度がより優れている云々を評価する力は私には備わっていないし、教育の成果などというものは、今日明日、ポッと湧いて出てくるものでもない。さらには私自身が、「社会的存在としての自分」のようなものを、学校からではなく人生体験という形の独学で（ということは大変な回り道を経て）築いてきたような実感（と後悔）があるため、この点に関しては本当に偉そうなことを言う資格はないのだが、それでもヨーロッパ各国で垣間見てきた「教育」と、かつて自分が潜《くぐ》ってきた日本のそれとを比べてみる時、とりわけ「市民教育」「自分で考える力を育てる教育」の彼我におけるウェイトの違いには、未だに驚き続けているようなところがある。

今回の取材旅行中、一五歳の高校生カルロッタと話す機会があった。数年前に父母が離婚したので、現在、彼女は母親と二人暮らし。その家に、ある日、シリアからの難民が同居するようになった。二人暮らしが三人暮らしに変わり、時には母親が支援している関係で、別の難民の人が食事にやってきたり、相談をしにきたりするような暮らし。その日も、市内の難民キャンプに暮らすイラクからの難民、イブラヒムがやってきて、みんなで晩御飯を食べることになった。

故郷バグダッドがどんな状況になっていて、どんな逃亡の旅を経てドイツにやってきたかを説明する初対面のイブラヒムに、カルロッタはいろいろ質問を投げかける。

「ここの難民キャンプでは、出身地の違う者同士の軋轢や争いはあったりするんですか？」

「その理由は宗教的なこと？　慣習的なこと？　それとも国同士の関係？」

「バグダッドでは、ＩＳＩＳに対抗するミーシャ（国軍）を市民は信用して頼りにしているのですか？」

「ドイツ社会で違和感があったり、好きじゃないことってありますか？」

まだドイツ語があまりよくわからないイブラヒムのために、カルロッタは英語で質問をする。相手の答えを頭の中で反芻《はんすう》し、理解しようと努めていることが、その真剣な表情からつぶさに見て取れる。

たまたま難民と同居している状況だから、普通の一五歳より、難民問題について、世界について、政治について、関心が高く、理解が深い方なのかもしれない。一般的なことなど何も言えないけれど、彼女の通うギムナジウム（高等学校）は「半分くらいは移民か外国人かな」となげに言うし、ドイツの学校では憲法に当たる「基本法」の小冊子が生徒全員に配られるということも聞いた。歴史教育における現代史、とりわけ「ナチスの過去」や「全体主義」についての学習の比重は高く、近年では、体制や組織の責任だけでなく、一般市民の「知ろうとしなかった」「知っていて知らぬふりをした」責任にも言及する教科書が一般的だという。[34]また「政治」の授業では、前述の「基本法」などを教材に使いながら、民主主義、人権、社会正義といった事柄をディスカッションベースで学んでいくという。

そうした「市民教育」の成果なのだろうか、七二パーセントの若者（一五〜二五歳）が「選挙に行くことは市民の義務である」と考え、四二パーセントが「政治に関心がある」そうである。人間の多様性を認め、それをリスペクトすることに関しては、八二パーセントが「当然だ」と考え、六〇パーセントが「社会的弱者は支援されるべきである」、六六パーセントが「いかなる状況においても環境意識を持って行動すべきである」と答えている。[35]

ここでいう「市民教育」とは、いわゆる愛国教育とは全く異なるものである。自分が社会の構成員であり、人権を享受する権利とともに、他者のものも含めてそれを擁護する義務を負うものでもあることを理解させるような教育。民主主義の良い点と脆弱《ぜいじゃく》な点を学ばせ、過去の悲劇を再び繰り返さないためにはいかに市民一人一人の意識が必要であるかを考えさせる教育。国と国の境が何度も書き換えられたヨーロッパという土地で、なんとか平和を維持していくた

34　『ドイツの歴史教育』川喜田敦子（二〇〇五年、白水社）。
35　石油会社シェルの実施した青少年の意識調査（二〇一五年）による。

難民支援のための署名活動。

めの協調や妥協や交渉や工夫、その具現としてのＥＵの理念や歴史的背景と同時に、その矛盾や問題点をも学ばせ、議論させる教育。こういう教育をたっぷり受けてくれれば、選挙に行くのは当然という感覚も育ってくるのだろう。

もちろん同じドイツ内でも貧富の差もあれば教育格差もある。旧東ドイツを始めとする失業率の高い地域では、ネオナチに共鳴する若者の率が高く、反難民、反移民の気分が濃厚であるような現象は、国家政策として同じ教育を受けているにもかかわらず、その成果がうまく実っていないことを物語っているだろう。また、移民二世、三世という人口も増える一方で、教育や就労の機会において、彼らがハンディを負っていることも否定できない。

とはいえ、全体としてみれば、やはりドイツは欧州圏ではダントツに経済や社会システムが良好に機能している。失業率一つとってみても、ドイツは五パーセントと欧州で最も低い数字であるのに対し、イギリス六・三パーセント、オランダ六・九パーセント、フランス九・八九パーセント、イタリア一二・五パーセント、スペインに至っては二四・七パーセントといった具合。[36] 五人に一人が移民出身という多様性を包含した上で、国の運営がまあまあうまくいっているという状況は、難民受け入れの態度が市民レベルで醸成される上でも、彼らが受けてきた「市民教育」と並び、非常に大きな要因であると思う。

難民支援に積極的に関わりながら、「でも私はマザー・テレサではない」といった人がいたが、やはり人間、自分の暮らしに事欠く状況、将来への不安と背中合わせの日常にありながら、なお「赤の他人に手を差し伸べる」ことは、なかなか難しいものなのだろう。

顔の見える難民問題

さらに、これまで本文中でもたびたび触れたように、第二次大戦以降、ドイツは幾たびかの移民大量受け入れを経験してきた。そのことによる「経験の蓄積」という遺産がある。「失敗

36 ＩＬＯ調べ（二〇一四年）。

や反省の積み重ね」、それもまた遺産である。異文化、異言語、異宗教の人たちを「多様性」の名の下に、いかにドイツ国民として統合していくか。そのことを彼らは何十年もかけて失敗と試行錯誤をしながら学んできた。その体験があるからこそ、現在の難民問題に対処するための市民意識や政治の成熟という土壌が（完璧からは程遠いとはいえ）、ある程度整っていた。

戦争の過去から、彼らは、無関心や見て見ぬふりがとんでもない結果に繋がりうること、差別感情の滴《しずく》が悲劇的な結末に発展しうること、人権や自由は不断の努力で守り続けなければいけない、それほど脆弱なものであることを痛いほど知った。移民受け入れの経験から、多様性とアイデンティティの両立ということに、敏感になり、思慮深くなった。人種や言語が混じり合う「多様そのものの日常風景」への「慣れ」も培われた。

それでも彼らは言う、「具体的な人間と人間の関係を結ぶことによって初めて、偏見が解け、恐怖が取り除かれるのだ」と。市民教育や豊かで安定した暮らしに支えられている彼ら、過去の体験の積み重ねで鍛えられた彼らでさえ、最初はおっかなびっくりだったり、ためらったり、ということと決して無縁ではなかった。顔の見える具体的な人間関係こそが、共感の源であり、その持続への力となることを、彼らは口々に証言するのだった。

かくいう私も、一連の取材体験を積んだことによって、確実に自分の中に意識の変化が訪れた。それは自分自身でも全く予想していなかったことだった。具体例に触れれば触れるほど、仕組みや状況を知って理解すればするほど、そして、一人一人の難民とお茶を飲んだり、おしゃべりをしたり、彼らの日常を目の当たりにする経験を積めば積むほど、「遠い国の可哀想な人たち」が、「隣のアフメド、隣のタエル、隣のヌーラ」に変換されていった。それは実にリアルなインパクトにあふれる心理体験であった。

「隣のアフメド」と言えば、ある難民キャンプで実際にアフメドという名の男性と二時間ほどおしゃべりをする機会があった。大きな体育館に簡易ベッドをずらりと並べ、仕切りもないようなそのキャンプには、男性ばかり、難民が二〇〇人ほど暮らしていた。

開口一番、アフメドが言った。

「僕たちは皆、人間です。僕はドイツ語を学びたい」というプラカードを持った難民（支援のデモ会場で）。

「生まれた時から人生、ずっと難民でしたから」

どこの国に行っても、僕らは難民だ、というアフメドは、パレスチナ人。

「生まれはリビア。そのあと、エジプトに、それからサウジに。その頃に湾岸戦争があった。それで父が仕事を見つけられなくてガザに戻ったんだ。アラファトがいた頃だね。そこで僕は学校に行き、大学にも行った。けれどハマスがガザを支配するようになって状況が悪くなった。僕はそこに住めなくなった。思想的なことでね。でもそれまでに一四年住んだから、パレスチナの国籍がやっと取れたんだ。それ以前には、エジプトから移動許可証のようなものをもらっていたけど、パスポートではなかった。国籍っていうものを持ったことがなかったんです。それからドバイに越した。でも仕事もなくなってここに来たんだ。家族と共に」

ところがその家族とは今、離れ離れで暮らしているという。ドイツに着いて三カ月後に奥さんと離婚したからだそうだ。ドバイでは高校の教師をしていたが、今はキャンプで仕事もなく、そうして最初の難民申請は却下されてしまったという。

「この国の人たちの、イスラム教徒に対する漠然とした恐怖、わかるよ。イスラム教徒同士だってお互い殺しあってるんだから。混乱するよね。僕が道を歩いていて、反対側から女性が来るとしますね。まあ外見から、僕が外国人、それも中近東あたりの人間だってわかるのでしょう。彼女はこっち側に持ってたバッグを反対側にさりげなく持ち替えて、歩道の端っこに寄ったりしますよ。僕が泥棒や強姦犯なわけないんだから馬鹿みたいだと思うけど、まあしょうがない。もしかしたら彼女はそういう経験が過去に実際にあったかもしれないし、ケルンで起きたことも影響しているかもしれない。一〇〇万人の難民が来たら、そのうちの二〇〇人くらいは泥棒するかもしれない。そういうもんだよね」

ドイツに来てから一年半の間に、六回、引っ越したという。前回のキャンプは衛生状態も非常に悪く、そこで三歳の息子さん、オマールは結核になってしまい、二週間、隔離病棟で入院した。「今はおかげさまですっかり元気になった。先週はこの近くのプールに行って二人で遊んだよ」と言って、携帯の中からあどけない笑顔の息子さんの写真を見せてくれた。

パレスチナのアフメド（左）と、彼が弟のようにかわいがっているシリアからの若者。

「教師としてずっと若い人たちをサポートしてきた。勉強だけでなく、メンタルサポート、社会的なサポートもね。そういうことをずっとしてきたけれど、今、自分が息子と離れ離れになり、その息子は別の男性と一緒に暮らしている。これ、つらいですよ。でももう終わったことだ。今は自分の将来を考えたい。この国の言語、社会、文化を学びたい。多くは求めない。安全でベーシックな暮らしが出来れば十分なんです」

アフメドという具体的な人間と知り合うことで、その諦念と笑顔の入り混じる表情に「ライブで」触れたことで、パレスチナ問題や「一生難民」という人生が、抽象的なものでなく、個的なものとして立ち上がってくる。そういう現象を、私自身もまた、身をもって体験した。アフメド前とアフメド後で、私自身が、少し違う人間になったような気がしたのだった。

自由と享楽の一ファンとして

翻って、さて、「赤の他人に冷たい」「見知らぬ他者への共感力に乏しい」ように感じられる昨今の祖国の風景について、何か私に言えることはあるのだろうか。

一つ思いつくこと。それはドイツで出会った「難民と暮らす人たち」の大半が、決して無理をしていない、ということだった。家に他人が暮らすからといって、何か特別なおもてなしをしたり、慌てて大掃除をしたりなどということを彼らはしない。できないことは、できないと言う。自分の休暇を返上したりもしない。つまり、「外」と「内」を隔てる敷居はあまり高くないのである（住宅構造上、文字通り、上がりかまちもないから、「外」と「内」が、心理的にもどこか地続きな感覚という側面もあるかもしれない）。

それともう一つ、彼らには時間がある。どんな働き盛りの人でも、年間、数週間の休暇は取るし、夕方で仕事を切り上げる。先に触れたカルロッタをはじめ、子どもたちは昼過ぎに学校から帰ってくる。午後の授業はない。夏休みの宿題もない。大学生も大学院生もたくさん勉強するけれど、遊ぶ時はとことん遊ぶ。小さな子どもがいる人も、大人だけで出かける夜や週末を持つ。異国から取材に訪れた私にたっぷり割いてくれる時間が、彼らにはある。そしてゆっくりしたり、遊んだり、ということ、つまり享楽的であることは、後ろめたくもなんともない、ごく普通のことなのである。

少し前、日本のテレビで子どもの貧困についての特集番組があった時、そこで取材されていた女子高生の部屋にぬいぐるみがたくさんあったとか、映画を観に行くとか、外食をするといったことを「貧困のくせに」と言って責める世論があったと聞いて、私は心底驚いた。貧困だろうが、大金持ちだろうが、享楽の時間と余裕を求めるのは人間の根源的な欲求であり、善である、と私は思うからだし、それに今どき、ドイツに暮らす難民のほとんどは、携帯の一つも持てば、たまにはレストランにだって行くのである。そんなことは「贅沢《ぜいたく》」などと呼べるもんじゃない。基本的人権の下の下の方の出来事に過ぎない。そのあたりの感覚が、ヨーロッパと日本とでは本当に月とスッポンほど違うという実感が年々強まる一方だ。

働き方と学び方。そこに余裕がなさそうだな、と、外から見ていてつくづく思う。私が日本を離れたのは、かれこれ四半世紀以上前のこと。その頃、日本は物価が高く、人々の生活水準が高い（という印象のある）国だった。だが、今、問題山積のヨーロッパから見ても、日本は物価が安く、給与も低い。失業率こそさほど高くないものの、それは世界標準に照らし合わせても非常に安い賃金、および過酷な労働条件で使い捨てられている非正規雇用の割合がとても大きいから。そして結婚や出産後の女性の多くが「求職活動をしなくなる」ため、失業率（仕事がなく、求職中の人口／労働人口）の分子がガタンと減るから。一方、欧州では、法で定められた最低賃金を下回ったり、長時間労働、休暇の未消化が行われる企業に対する行政側の取り締まりが厳しい。人を一人雇うということは、有給休暇や福利厚生を含めたディーセントな（適正な）労働条件を保障しなければならないため、企業側は新規採用に慎重になる。勢い、失業率が高くなる。

驚くほど安い食事や物品が提供され、それに「ラッキー」「お得」「コスパがいい」と言って人々が飛びつく。ささやかな消費で束の間の幸福（享楽）気分が得られるのであればそれも悪くはないのだろうが、「安いランチ」や「百均」の裏には、国内の非正規雇用労働者や外国人労働者の、そして海外の生産拠点や流通過程における、やはり驚くほど安い労働力と過酷な労働条件があることは明らかである。そういう仕組みを理解すれば、そうそう無邪気に「お得！」と喜んでばかりもいられなくなるだろうと思う。

自分たちの日々の生活にいくばくかのゆとりがもたらされ、教育やボランティア体験を通じて、それなりの「市民意識」「社会の一員としてのアイデンティティ」が育ってくれば、何人《なにじん》だろうが、何語を話す人であろうが、人はきっと元来備わっているはずの素朴な親切心のレベルを超えて、次の段階に行けるのではないか。逆に、経済的、時間的なゆとりがなく、将来に不安を抱えた日常が長く続けば続くほど、そして差別や偏見や排除という誘惑を克服するための「市民教育」を十分に受けていなければ、共感や連帯などにかまけていられるどころでないばかりか、逆に、他者を排除し、弱者を「自己責任」と名指しで攻撃するような方向に人はあっという間に走り出してしまう。人間とはそうしたものなのだろうと思う。

ある時、こんなことがあった。丸の内界隈の交差点。車が一台も通過しないけれど歩行者信号は赤である。だだっ広い交差点。一向に変わる気配もない赤信号。しびれを切らした私は、一人でさっさと最初の一歩を踏み出した。すると、驚いたことに、わずか一秒か二秒後に、私の後ろにドッと続く人たちの足音が聞こえてくるではないか。まるで自分がハーメルンの笛吹男にでもなったようなシュールな感じに襲われた。私がそう感じただけで、珍しいことではないのかもしれないが、それはどこか、日本という国を切り取った縮図のように思われ、私にはとても興味深かった。

前例のないこと。周りで誰もそれをしている人がいない時。そうした状況で最初の一歩を踏み出すことが、日本の人はあまり得意でないな、ということをかねてより感じてきたが、そうか、この手があったか、とその時、はたと膝を打った。

ベビーカーの女性に、荷物を持ったおばあさんに、しつこく手を差し伸ばし続ければ、そのうち、後ろを振り返ったらみんなが後についていた、なんてことがひょっとしたらあるかもしれない。

というわけで、インテンシブな難民取材の旅の果てに、思い至ったのだ、自分自身が最初の一歩を（対象は難民とは限らないけれど）踏み出せばいいんじゃないか、そうしたらそこにはもしかしたらいくばくかのドミノ効果もあるかもしれないじゃないか、と。拍子抜けするような結論だけれど、享楽と自由の熱烈なファンである私は、隣のアフメド、隣のリーさん、隣のおじいさんがそれぞれみんな、自由と平和と安全を普通に享受し、享楽的に生きられる方が嬉しいのだから、やはりそういうことになる。

享楽ということでもう一つ。カフェのテラスに座ってのんびりとワインを飲んだり、広場を散歩したり、コンサートに出かけたり。テロ行為というものは、そういった日常のささやかな享楽への挑戦、楽しむ自由、くつろぐ自由への脅威である。二〇一六年暮れのベルリン・トラックテロ事件の後、それでも人々はクリスマス・マーケットに出向くことをやめなかったし、当局がそれを禁じたり制限したりすることもなかった。難民排除の空気が一気に膨らむというようなこともなかった。そこに私はこの国の市民たちの意地と希望を見た気がした。

難民を支援することと、日々の享楽という自由社会の宝への愛着を持ち続け、それを死守しようとし続けること。それは共に、自由で寛容な世界への希求の表れであり、地続きの一貫した態度であるように思う。たかが享楽とあなどることなかれ。「のんびりとワインを楽しむ自由を守りたい」。そんな小さな願いが、もう少し大きな何かを始める動機になることだってあるのである。

それにしても、日本、もう少し、難民を受け入れては下さらないものか。国際社会からのプレッシャーでようやく重い腰を上げた（らしい）結果、「シリア難民留学生受け入れイニシアティブ」（二〇一六年五月）というものが立ち上げられた。その応募要項は[37]、「若く（二二歳から三九歳）、心身ともに壮健で、すでに学士（バッチェラー）を保持するシリア難民のみが、最大一五〇人という限定つきで留学生として応募できます」という趣旨のことを高らかに謳《うた》いあげ

37　JICA提供のJapanese Initiative for the future of Syrian Refugees（JISR）による。https://www.jica.go.jp/syria/english/office/others/jisr.html

るが、そこにはわざわざ「妊婦はお断り」などという呆れ返るような条件も書き入れられている（二〇一六年一二月にこの条件は削除された）。しかも受け入れた留学生は、いずれ、シリアに帰って祖国の復興に尽くすことを期待されている。

「一時的に来るなら、まあいいよ。だけどずっととどまられたら困るし、こちらが面倒みなくちゃいけない子どもや老人や妊婦、心身にトラウマを抱えているような人は遠慮していただきたい」という本音があまりに無邪気に丸見えで、国際的な人権意識から程遠い感覚と言わざるをえない。このような共感力のかけらも見えず、人権意識にもとるお粗末な難民政策を、少しばかり見直して下さいと願うのは、あまりに非現実的な夢物語なのだろうか。

日本が国力に見合う仕方で、普通並みの人権意識でもう少し国を開いてくれたならば、人は「自分と違う他者」にも少しずつ慣れるだろう。他者と共存するための感性も磨かれ、「異なる者」「弱い者」「少数派」を排除する方向に行きがちな窮屈な同調圧力も、多少は緩和されそうだ。駅の、道端の、あるいは被災地や地域の学校社会などの「赤の他人」にももう少し優しくなれるかもしれない。

それに……、みんなの日々の暮らしに、聞き慣れない言葉や音楽、ちょっと驚く価値観や仕草、美味しそうなスパイスの香りなんかが加わって、楽しいことだってきっとたくさん生まれてくるような気がするのだが。

あとがき

本書の企画発案から取材、リサーチ、膨大なテープ起こしを経て執筆、校正という長丁場の時間の流れの中、最終章でも触れたように、世界にはさまざまな出来事が起こり、その多くは私のささやかな人生経験において、何か「前代未聞」という印象を与えるものであった。過去に学び、教育や啓蒙の恩恵に浴し、科学技術の進歩発展に伴って、この世界は、ジグザクを経ながらも、よりマシなものへと変わっていけるのだろうという楽観的な思い込みは、こうした出来事の連鎖を横目に、残念ながらずいぶんとしぼんでしまった。にもかかわらず、シニカルに匙《さじ》を投げ出す気になれないのは、取材を通して出会った人々の希望や展望に、私自身も感化を受けたり力づけられたりしたからなのではないかと思う。

バブル時代のファッション雑誌編集者だった人間が、おずおずと少しずつ、世界のこと、社会のことに関心を持つようになった挙句、怖いもの知らずの門外漢の立場でこのような書物を書くに至った。そうした「変化」には自分でも驚いているが、人生の成り行きとはいえ、多様な背景や思想や文化やライフスタイルを持つ人々に個人的な関わりやつながりを持ってきた具体的な体験こそが、そうした変化を促した。そのことを私ははっきりと自覚している。遠いどこかの国の難民がどうのこうのと言われても、実感や興味を抱きにくいだろうということは、だから私自身、とてもよくわかるのである。

その上でなお、拙い記述を通して、スザンナが、アマイが、モサブが、それぞれの人生の思いや葛藤を背負った「顔の見える個人」として浮かび上がってくることを願った。遠い国の他人事が、少し近いものになることを祈って本書の執筆にあたった。

本文に登場したヌーラは現在、第二子を身ごもっている。アフメドは自分のアパートを見つけた。オブレイとサーラの写真プロジェクトはベルリン中央駅での展覧会（二〇一七年一月）が好評で開催期間が延長されるほどだった。片や、「親しくしていた人たちの難民申請が、あれ以降、次々に拒否されている。彼らに別れを告げなくてはいけない。そういうしんどい段階に入っている」という知らせも届いた。本書の実現のためにたくさんの時間を割いて貴重な体験を話してくれた上に、その後も折に触れてこうした近況（朗報と悲報）を知らせてくれる彼ら一人一人に、深い感謝と共感の気持ちを捧げたい。

二〇一七年一月

長坂道子

長坂道子（ながさか・みちこ）
1961年愛知県生まれ。ジャーナリスト、エッセイスト、作家。京都大学文学部哲学科卒業後、雑誌『25ans』（婦人画報社＝現ハースト婦人画報社）の編集部を経て88年渡仏。その後、ペンシルヴァニア、ロンドン、チューリッヒ、ジュネーブなどに移住（現在はチューリッヒ在住）。
著書に『フランス女』『裸足のコスモポリタン』（以上マガジンハウス）、『世界一ぜいたくな子育て』『「モザイク一家」の国境なき人生』（以上、光文社）など。ブログも更新中。http://mnagasaka.exblog.jp/

難民《なんみん》と生《い》きる

2017年3月15日　初　版

著　者　長坂道子
発行者　田所　稔

郵便番号　151-0051　東京都渋谷区千駄ヶ谷4-25-6
発行所　株式会社　新日本出版社
電話　03（3423）8402（営業）
03（3423）9323（編集）
info@shinnihon-net.co.jp
www.shinnihon-net.co.jp
振替番号　00130-0-13681

印刷　亨有堂印刷所　　製本　光陽メディア

落丁・乱丁がありましたらおとりかえいたします。

ISBN978-4-406-06128-5 C0036　Printed in Japan